BRIAN THOMPS

La Clef des chants

La Chanson dans la classe de français

POLYGLOT PRODUCTIONS
Cambridge Massachusetts USA

Ce livre est dédié à Marie-Claude, qui m'a appris mes premières chansons en français en 1960, et tant d'autres choses depuis; et à nos deux fils, Eric et Dan, qui sont devenus auteurs-compositeurs-interprètes en trois langues et nous donnent sans cesse de quoi être fiers d'eux.

Préface

Professeur de français depuis bientôt vingt ans et ayant moi-même appris le français à partir de chansons, je vous propose de découvrir ou de redécouvrir le monde de la chanson française et les multiples avantages qu'elle offre au professeur de français qui l'intègre dans son enseignement.

La première partie, "...Chansons que cela..." , reprend un texte sur la chanson paru à Paris dans la revue *Études* , texte qui essaie de rendre à la chanson la place qu'elle mérite parmi tous les éléments qui constituent la culture française. Loin d'être un simple produit de consommation courante à jeter après usage, la chanson est un véhicule de communication privilégié. Opérant à plusieurs niveaux à la fois--esthétique, émotionnel, physique, rationnel--, elle établit une communication qui ne dépend pas de la seule raison. Elle permet de franchir des barrières de pays et de langue et peut être ainsi un atout exceptionnellement efficace dans l'enseignement et l'apprentissage d'une langue et d'une culture étrangère.

La deuxième partie propose un certain nombre de techniques et d'approches dont tout professeur de français pourra se servir pour profiter de cette chanson, qui est vraiment "bonne à tout faire". Elle est prête à rendre les services les plus variés, et une fois connaissance faite, chacun en trouvera encore d'autres à lui demander.

Ensuite, des bibliographies de livres, d'articles et de documents sur la chanson et son utilisation pédagogique, ainsi qu'une discographie et des listes de chansons par thèmes ou par utilité grammaticale, permettront à chacun de s'équiper en documents écrits ou sonores selon ses intérêts ou besoins particuliers et de se servir de la chanson dans le contexte spécifique de son enseignement.

La chanson est tout un monde et je n'ai nullement la prétention, dans ce petit ouvrage, d'en faire le tour, loin s'en faut. Ce que j'espère faire, par contre, c'est de démontrer que ce monde vaut la visite, que ce soit une visite-éclair de trois ou quatre minutes au début d'une classe ou de longs séjours au fil de l'année.

De plus, la chanson est une clef, un passe-partout qui permet d'entrer plus en avant dans ces mondes encore plus vastes qui s'appellent langue et civilisation françaises... ou québécoises, suisses, belges, africaines, antillaises, acadiennes. En peu de temps et d'espace, elle communique non seulement des idées ou des informations mais une façon d'être, de sentir, de se situer dans le monde. Partons donc à la découverte. Prenons la clef des chants.

Mais avant de prendre la clef des champs, je voudrais profiter de cette occasion pour remercier tous ceux qui m'ont aidé à mieux connaître la chanson. D'abord, des spécialistes de la chanson qui m'ont guidé et qui m'ont ouvert beaucoup de portes: Lucien Roux, Lucien Nicolas, Jacques Vassal, Bruno Roy, Denis Mouton et Fred Hidalgo.

Les auteurs-compositeurs-interprètes eux-mêmes ont également répondu très généreusement au fil des années à mon intérêt d'amateur de chanson et de professeur de français. Au risque d'oublier l'un ou l'autre--qu'ils veuillent bien m'en excuser--, je voudrais quand-même remercier nommément ici Pierre Barouh et toute la bande à Saravah, dont Pierre Akendengué, David MacNeil, Jack Treese, Jean-Roger Caussimon, Brigitte Fontaine, et Areski; Guy Béart, Julos Beaucarne, Jacques Bertin, François Béranger, Louise Forestier, Claude Gauthier, Bernard Haillant, Jean Humenry, Jean-Pierre Huser, Pauline Julien, Maxime LeForestier, Francis Lemarque, Colette Magny, Hélène Martin, Frédérick Mey, Georges Moustaki, Claude Nougaro, Gérard Pierron, Marc Robine, Luc Romann, Richard Séguin, Gilles Servat, Yves Simon, Anne Sylvestre, Sylvie Tremblay, Béa Tristan, Jean Vasca, Joan-Pau Verdier, Gilles Vigneault et Jacques Yvart.

Je voudrais également remercier la Délégation du Gouvernement du Québec en Nouvelle Angleterre ainsi que l'Université du Massachusetts à Boston qui ont à plusieurs reprises soutenu mes recherches sur la chanson, et mes éditeurs chez Polyglot, Eileen McHugh et Bernard Trevor Higonnet dont la gentillesse et l'efficacité ont fait de ce travail une collaboration des plus agréables.

Brian Thompson
French Department
University of Massachusetts at Boston
Boston MA 02125 USA

Table des matières

"Quand on écrit des chansons, on n'a
pas besoin de littérature autour."
(Brassens)

I. "...Chansons que cela..."
Molière

Depuis longtemps on sait qu'en France "tout finit par des chansons". Sur cette affirmation, Beaumarchais termine son *Mariage de Figaro*, dont les propos et les attitudes, que d'aucuns qualifieront de révolutionnaires, sont ainsi couverts par le manteau de la "chanson": ce n'est pas sérieux, c'est frivole, ce n'est qu'un jeu. Cette déconsidération de la chanson en tant qu'art (forcément mineur) et élément constitutif de la culture française est loin d'avoir disparu. Dans un récent livre tour à tour virulent, drôle et poignant, Jacques Bertin, un des meilleurs auteurs-compositeurs-interprètes de sa génération, s'en prend à cette méconnaissance de la chanson et de ceux et celles qui l'ont choisie comme métier:

> Les militants politiques, les universitaires, les fonctionnaires des Affaires culturelles, etc., se moquent royalement de la chanson: notre bourbier est un *no man's land*. Les élites écoutent France-Musique. Oh! sans doute aussi des chanteurs, de temps en temps, avec cet émerveillement qu'on éprouve devant les jeux d'enfants. La chanson, c'est la chambre des gosses: on y entre pour s'amuser un peu avec eux et on repart au bout de cinq minutes, la conscience tranquille, en leur recommandant de ranger leurs jouets et de ne pas faire trop de bruit.[1]

La chanson a pourtant ses lettres de noblesse, si l'on peut dire, étant héritière des troubadours, des trouvères, de Charles d'Orléans et de Guillaume de Machaut, de Ronsard et de bien d'autres grands de la littérature. En même temps, elle descend d'une tradition de chanson populaire non moins riche, les deux branches de la famille s'étant d'ailleurs à maintes reprises fructifiées et enrichies mutuellement au cours des siècles.

Même de nos jours, certaines chansons tendent à entrer dans la tradition orale: *L'Eau vive*, de Guy Béart, est souvent prise pour une chanson traditionnelle, à la grande joie de son auteur qui aspire, à ce qu'il m'a dit un jour, à être "un poète anonyme du 20ᵉ siècle". Dans l'autre sens, *Les Trois Sirènes & le miroir* de Maxime LeForestier, est inspiré directement--et ironiquement-- d'une vieille chanson populaire:

> Dans les eaux de la Seine
> M'en allant me noyer
> J'ai trouvé trois sirènes
> Qui voulaient pas s'baigner...

La déconsidération de la chanson serait-elle due en partie à un désir, de la part de l'élite, de se distinguer--désir qui a sans doute contribué au divorce entre la poésie lyrique et la musique peu après l'introduction de l'imprimerie, car jusque-là le mariage avait été heureux?

Mais nous devons distinguer, nous aussi, car le terme "chanson" n'est pas une appelation contrôlée. Avec son franc-parler habituel, François Béranger--auteur-compositeur-interprète dont nous aurons à reparler--distingue deux catégories:

> les gens qui font de vraies chansons, qui sont
> réussies ou ratées d'ailleurs, qui ont un sens, et puis
> tous les autres qui font de la soupe pour le fric.
> C'est tout.[2]

Cette "soupe", servie en quantité industrielle sur les ondes, peut en effet rapporter beaucoup d'argent, d'où la quête de "tubes" qui en général s'avèrent aussi éphémères que l'été.[3]

C'est ce que Julos Beaucarne appelle des "chansons-kleenex", à jeter après usage. Elles sont parfois très bien faites; elles reflètent, elles aussi, la sensibilité, les besoins, les désirs, les phantasmes des diverses couches de la société; elles mériteraient une analyse sociologique approfondie.[4]

Mais, dans ce qui suit, il sera question non de ces produits de consommation, mais de "vraies chansons", terme qui se précisera au fur et à mesure.

Qu'entendons-nous par le terme "chanson"? Selon le *Petit Robert*, c'est une "pièce de vers de ton populaire généralement divisée en couplets et refrain et qui se chante sur un air". Que ce "populaire" soit légèrement péjoratif ou non, la chanson se distingue de la "mélodie" ("pièce vocale composée sur le texte d'un poème, avec accompagnement") moins par le ton, populaire ou non, du texte, que par le traitement musical. Les mêmes vers de Verlaine, par exemple, qui ont servi de *prétextes* aux mélodies de Fauré ou de Debussy, peuvent très bien être mis en chanson où ils serviront de texte. Aragon, dont les poèmes ont été mis en chanson par plus de soixante compositeurs différents (dont Brassens, Ferré, Ferrat et Léonardi), a écrit: "La mise en chanson d'un poème est à mes yeux une forme supérieure de la critique poétique"; car, comme le fait remarquer Jacques Bertin: "Nous devons aller à l'essentiel-- l'émotion. Le sujet doit être serré dans l'objectif, et les commentaires, les préciosités, les clins d'œil à l'intelligentsia sont déconseillés. Cette règle du plein vent constitue la force de notre art." Et de conclure que l'immense mérite d'Aragon

> est d'avoir été le grand auteur de chansons du siècle. Celui qui prouva qu'écrire en vers chantables est un art noble.[5]

À nous d'ajouter qu'un des mérites de la chanson, de nos jours, est d'avoir permis à la poésie écrite, trop souvent limitée à une élite culturelle, voire enfermée dans des revues à tirage encore plus limité, d'atteindre un large public de milieux et de classes très divers. Pour prendre un exemple précis, "Il n'y a pas d'amour heureux", du même Aragon, s'est vendu à quelques 100.000 exemplaires, ce qui est déjà remarquable pour une poésie écrite. Mis en chanson par Brassens, ce poème s'est vendu à plus de 2.000.000 d'exemplaires. Ajoutons à cela les concerts, les passages en radio, les enregistrements de la chanson par d'autres interprètes, comme Ferrat ou Marc Ogeret, et le fait que l'on écoute et réécoute un disque plus souvent, en général, qu'on ne relit un livre, et l'on peut commencer à mesurer le rôle de la chanson pour la propagation de la poésie dans des milieux qui lui seraient autrement imperméables.

De plus, en France comme dans un certain nombre d'autres pays, la poésie n'est plus uniquement livresque, elle est, dans une mesure considérable, le fait d'auteurs-compositeurs-interprètes, renouant avec la plus ancienne tradition de poésie lyrique. Il est vrai que l'Académie Française a récemment rejeté la candidature d'un grand poète-chanteur, Charles Trenet--il paraît qu'il s'est abstenu de faire toutes les visites protocolaires--, mais elle avait déjà couronné l'œuvre d'un autre grand auteur-compositeur-interprète de notre temps en décernant son Grand Prix de Poésie en 1967 à Georges Brassens, lui dont le langage poétique a également déjà fait l'objet d'une thèse en Sorbonne. Ce sont de petits pas timides mais certains vers la reconnaissance à part entière de la chanson.

Un pouvoir de communion

Mais qu'est-ce, au fait, qu'une chanson? Ce n'est pas simplement un poème avec quelques accords de guitare plaqués dessus, mais un tout qui résulte du mariage, indissoluble, d'une musique et d'un texte. Ceux-ci peuvent naître simultanément, ou l'un après l'autre, mais la chanson n'existe pas avant leur mariage. Et elle n'existe pleinement, en tant que chanson, que lorsqu'elle est effectivement chantée, le texte, la partition n'étant que de pâles reflets, le squelette desséché de la chanson vivante.

Claude Nougaro compare l'art de la chanson à un arc:

> Les flèches, c'est le carquois des mots; la musique,
> c'est la corde de l'arc, pour lancer les mots encore
> plus loin vers la cible du sens et du son confondus;
> le chant, c'est le verbe lui-même, c'est la chair qui
> retrouve son âme, ou la chair qui est à la recherche
> de son âme; il est donc d'essence religieuse: j'ai
> besoin de la musique pour reconnaître l'inconnu.[6]

Cette "reconnaissance" se fait d'abord en réfléchissant sur soi-même et en se situant par rapport au monde. La chanson--mélange d'éléments physiques et mentaux, sensuels et spirituels--mobilise des domaines de l'être très variés, très profonds, situés bien au-delà de la logique du discours rationnel. Elle permet de se reconnaître, de se situer, de se dire, de s'exprimer, littéralement et figurativement, corps et âme. On écrit, on chante, en premier lieu pour soi: "Je chante pour ne pas mourir" (Gilles Vigneault).

Pour Marie-José Vilar, "la chanson, c'est un peu ma psychothérapie à moi."[7] Julos Beaucarne, d'abord acteur de théâtre, s'est tourné vers la chanson pour pouvoir dire uniquement des textes qui lui fassent du bien. Pour lui les chansons sont des

> mantras qu'on répète, qui nous mettent en condition
> de partir ailleurs, pour partir vers plus fort, vers
> nous finalement, vers notre histoire.[8]

Ce mode d'expression de soi est en même temps un mode de communication particulièrement efficace avec les autres. La chanson établit un lien; elle amorce un dialogue avec chaque auditeur dans la mesure où la voix qui chante est perçue comme celle d'un être humain en chair et en os qui parle en son nom propre. Soutenue par la musique qui fait corps avec elle, la voix véhicule, en plus du contenu rationnel du discours, toute une émotion, une coloration, une inflexion, une accentuation qui sont plus parlantes que les mots en eux-mêmes.

Julos Beaucarne fait remarquer que, d'après des chercheurs américains, 10% seulement de la communication se fait à travers les mots que l'on dit, 30% par la façon de les dire, en 60% par le corps, d'où la relative puissance du disque par rapport au livre, de la scène par rapport au disque.[9]

Cette communication est renforcée par le fait qu'il se crée un lien, une certaine communion d'idées ou de sentiments, parmi tous ceux qui écoutent un chanteur et qui se reconnaissent dans ce qu'il chante. (Ce sentiment d'appartenance à un groupe n'a pas échappé aux marchands qui savent bien en tirer profit: objets de culte des "idoles", revues étalant leur vie privée, etc.).

Ce pouvoir communicatif de la chanson n'est pas sans danger, de part et d'autre. Le chanteur, lui, peut se prendre au piège et, s'il n'a pas suffisament de recul devant son public admiratif, se croire le nombril de la terre ou le maître à penser de sa génération. Du côté du public, une chanson pourvue d'une musique séduisante peut véhiculer n'importe quoi, y compris un langage, des images ou un discours rationnel (ou même irrationnel) que l'auditeur reçoit presqu'à son insu. (Dans le cas du rock, le niveau en décibels est souvent si élevé que l'on est pris d'assaut de toute manière!) La chanson peut contribuer à créer ou à soutenir un esprit de corps, pour le meilleur mais aussi pour le pire: la *protest song* ("We shall overcome", "O Freedom") a soutenu le mouvement contre la ségrégation raciale aux États-Unis; la Jeunesse hitlérienne s'est nourrie de chansons patriotiques (qu'on se souvienne de l'arrière-fond du film *Cabaret*).

Le potentiel d'impact politique de la chanson est explicitement ou implicitement reconnu par divers gouvernements. En France, on se contente d'une censure qui ne dit pas toujours son nom: "autocensure" au niveau des programmateurs, par crainte d'ennuis professionnels; interdiction d'antenne de certaines chansons (*Le Déserteur* de Boris Vian, *Parachutiste* de Maxime LeForestier); des disques entiers rayés au stylet (ceux de Colette Magny), pour empêcher tout passage en radio... Dans d'autres pays, on emprisonne ou tue les poètes-chanteurs gênants, l'exemple le plus tristement célèbre étant l'assassinat du Chilien Victor Jara devant 6000 témoins (assassinat raconté de façon bouleversante dans deux chansons, *Gwerz Victor C'hara* de Gilles Servat--en breton--et *Lettre à Kissinger* de Julos Beaucarne).

Le fait est que la chanson joue, surtout depuis deux ou trois décennies, un rôle considérable de "conscientisation" (j'emprunte le terme au pédagogue brésilien Paolo Freire) dans différents pays et régions. Au Québec, par exemple, chanter la réalité québécoise en langue québécoise (et non en français "international") était déjà une déclaration d'indépendance vis-à-vis d'une domination culturelle française et américaine. Ce sont pour une large part les "chansonniers" québécois--Félix Leclerc, Claude Gauthier, Gilles Vigneault et d'autres de la même trempe-- qui, en se disant comme ils étaient, en disant leur pays comme il était, ont donné conscience au peuple québécois de sa propre identité. *Mon Pays* de Gilles Vigneault est devenu en quelque sorte l'hymne national du Québec.[10]

Il en va de même dans diverses régions de France et de Navarre où, jusqu'encore assez récemment, on trouvait des affiches du genre "Défense de cracher par terre et de parler patois", et où les enfants étaient punis, à l'école, s'il leur arrivait de prononcer un mot de leur langue maternelle.

Des chanteurs comme Glenmor, Gilles Servat et Alan Stivell en Bretagne, comme Claude Marti, Patric et Joan-Pau Verdier en Occitanie, Lluis Llach en Catalogne, Roger Siffer en Alsace--cette liste n'est nullement exhaustive--, ont énormément contribué à l'éveil d'un nouveau sens de la richesse de l'héritage linguistique et culturel de leur région, face à un centralisme culturel, linguistique et politique très puissant.[11]

L'Espoir d'une rencontre

La chanson est-elle ou doit-elle être "engagée" sur le plan politique? Le chanteur ou l'auteur de chansons a-t-il un rôle particulier à jouer dans la société? La plupart des auteurs-compositeurs se défendent d'écrire des chansons "politiques" dans le sens étroit, à la limite "électoraliste", du terme. Mais vivant dans la société, ils trouvent tout à fait normal de parler de tout ce qui les entoure et les touche, de se situer par rapport à la société qui est la leur. Ils disent ce qu'ils ont sur le cœur, et un certain nombre de gens se reconnaissent dans leurs chansons.

Par contre, le rôle de maître à penser ne les tente pas (ou plus). Maxime LeForestier, qui dans les années "post-68" en avait plus que beaucoup d'autres la taille et le souffle, n'a pas voulu se laisser ériger en "penseur" public ("Laissez-moi rester saltimbanque..."). Il estimait d'ailleurs que, de toute façon, le poète, le chanteur, ne devançait pas les autres: il ne faisait qu'exprimer ce que d'autres savaient ou sentaient déjà, sans peut-être savoir ou pouvoir le dire.[12] Dans une de ses rares chansons d'inspiration "politique" (il s'agit d'une grève particulièrement dure), Jacques Bertin dit justement que le poète exprime quelque chose qui ne vient pas de lui:

> On fait des vers avec l'espoir de la vie
> Avec les ongles qui s'accroche au réel
> Avec des mots qui m'ont été soufflés cet
>   hiver à Besançon
> Parce que le vent souffle dans le dos du
>   poète
> Et le crible de mots qui ne lui appartiennent
>   pas
>   (À Besançon)

De même François Béranger, pourtant un des plus "engagés" des auteurs-compositeurs-interprètes de nos jours, ne s'arroge pas une place à part au-devant des autres:

Je sais bien qu'une chanson
C'est pas tout à fait la révolution
Mais dire les choses c'est déjà mieux que
    rien
Et si chacun f'sait la sienne dans son coin
Comme on a les mêmes choses sur le cœur
Un jour on pourrait chanter en chœur
               (Manifeste)

Béranger ne prétend pas changer le monde à coup de chansons, mais, comme le dit Gilles Vigneault, "Je me mêle de la politique... parce que la politique se mêle de moi."[13] On chante donc le monde tel qu'on le voit et qu'on le vit. Pour Béranger, "ce serait prétentieux de penser qu'on va pouvoir faire bouger, évoluer les gens; dans un premier temps, franchement, j'écris pour moi... tout en sachant évidemment que, dans un deuxième temps, je livrerai mes chansons aux gens. Mais l'impact qu'elles peuvent avoir sur eux, c'est l'inconnu."[14]

Il y a donc d'abord une démarche personnelle, un besoin de saisir, de prendre conscience, d'exprimer. Bernard Haillant explique, en ce qui le concerne, le cheminement jusqu'à la création, jusqu'au partage: "Il y a des fois des bouleversements. Dans mon écorce terrestre il y a des fissures; dans ces fissures, ce ne sont pas des tremblements de terre, ce ne sont pas des volcans, ce sont des chansons: des textes, des musiques, des idées, des couleurs, des jaillissements".

Ensuite, tout le travail de l'écriture, de la composition, de la mise en scène d'un spectacle, c'est de "faire que ce soit le plus proche possible de la couleur intérieure que j'ai cru reconnaître". Par touches de couleurs--couleurs des mots, couleurs des sons--, il s'efforce de créer une espèce de tableau qui est d'abord le sien, mais le plus beau et le plus sincère possible, puisqu'il veut l'offrir ensuite. "À ce moment-là, mon souci n'est pas que les gens pensent comme moi, comprennent exactement comme moi; mon souci, simplement, c'est d'aller toucher des cordes chez les personnes", de les mettre en vibration, de les faire entrer en résonance.

Pour Julos Beaucarne aussi, le chanteur est "le gardien des frissons", et son spectacle vise à faire entrer les spectateurs en "état vibratoire". On peut peut-être se demander si tous les frissons sont forcément bons. Ne peut-on pas faire frissoner ce qu'il y a de plus bas dans l'homme? Ce n'est guère à craindre de Julos, ce doux militant pour le Front de Libération... des Arbres Fruitiers; ni de Bernard Haillant, dont l'intégrité est évidente; mais la question reste posée.

De toute façon, le chanteur ne peut pas forcer, car ces cordes ne sont pas les siennes, mais il chante dans l'espoir d'une rencontre, d'un échange, à un niveau au-delà du simple discours rationnel. Ses chansons, profondément ancrées dans sa vie (y compris dans son imagination qui fait partie, elle aussi, de la vie) rejoignent à ce niveau-là la vie de tout homme. Il est probable que, plus on arrive à exprimer en profondeur ce que l'on vit et ressent soi-même, plus on touche des cordes humaines universelles. Je me souviens encore d'un spectacle que j'ai vu il y a plus de vingt-cinq ans, un montage de chansons traditionnelles américaines, de *spirituals*, de chansons contemporaines, intitulé *All Man is but One Man*, qui allait très loin dans ce sens.

La chanson est un art éminemment populaire, sinon universel. Elle permet de se dire, de se reconnaître, d'abord personnellement, puis au niveau d'un groupe d'amis ou d'une salle de spectacle, même d'un peuple ou d'une nation, et, finalement, au-delà de toute barrière de langue et de culture, tout simplement en tant qu'être humain qui porte son lot de peines et de joies, de certitudes et de doutes, de colères et d'espoirs. Elle est le reflet précis, particulier, évocateur d'une culture et d'une époque données, qu'elle pourrait ainsi permettre de comprendre de l'intérieur. En même temps, elle jette des ponts au-dessus des différences d'époque, de langue, de culture. Ayant moi-même appris le français à partir de chansons-- de *À la Claire Fontaine* et *Vive la rose* jusqu'à *Chanson pour l'Auvergnat* --, je peux proposer une version plus flatteuse de la vieille scie: ne serait-il pas possible qu'en France "tout *commence* par des chansons"?[15]

II. La Chanson, bonne à tout faire

Ma propre carrière de professeur de langue et littérature françaises a ses racines bien plantées dans la chanson. Classiciste parti en Allemagne pour apprendre l'allemand comme langue de recherches, je me suis trouvé dans le cadre international du célèbre Goethe-Institut, entouré d'étudiants venant de divers pays. Notre *lingua franca* était bien sûr l'allemand, mais il y avait également des groupes d'un même pays qui se retrouvaient le soir pour se reposer des rigueurs de six heures par jour de classe entièrement en allemand. Entr'autres, les Français chantaient des chansons à la mode à ce moment-là: *Milord*, que Moustaki avait écrit pour Piaf, *L'Eau vive*, de Guy Béart, deux ou trois chansons de Brassens, ainsi que des chansons de feu de camp.

C'est ainsi que j'ai amorcé mon apprentissage du français. Trois mois plus tard, la tête pleine de chansons et un petit dictionnaire de poche français-allemand à la main, j'écrivais des lettres en français à la Française qui m'avait appris ces chansons à la guitare. Trois ans plus tard, boursier Fulbright à Paris, j'ai épousé mon amie chanteuse. On ne sait jamais où peut mener la chanson!

Fort de cette expérience, j'ai mis la chanson au programme dès que je me suis retrouvé professeur de français . Dans les pages qui suivent, je voudrais partager un certain nombre d'idées et d'approches pour encourager d'autres professeurs à en faire autant. Il se peut que pour leurs étudiants aussi, tout commence par des chansons.

Les Trésors de la chanson

La chanson est un vaste domaine où il y a, comme au ciel, beaucoup de demeures. Il y en a pour tous les goûts, pour toutes les sensibilités, pour toutes les humeurs ou occasions dans la vie: des chansons à boire, des chansons d'amour, des chansons de marche, des chansons de protestation, des chansons religieuses. De même, la chanson peut jouer des rôles fort divers dans l'enseignement selon les besoins, les intérêts et les possibilités pratiques des enseignants et des apprenants. Il est parfaitement possible de consacrer un semestre ou deux entièrement à la chanson. J'ai donné à plusieurs reprises un cours universitaire sur la chanson, soit dans son évolution depuis les troubadours et trouvères du moyen-âge jusqu'aux auteurs-compositeurs-interprètes modernes, soit limitée à la chanson depuis Brassens. Dans l'un ou l'autre cas, nous n'avons pu que sélectionner quelques joyaux d'un trésor énorme et inépuisable.

Mon ami Denis Mouton, professeur du secondaire au Québec, a développé une "option chanson" que les élèves (francophones) pouvaient choisir comme leur cours de français de l'année. Il a pu leur faire faire des choses étonnantes, leur donnant une appréciation active de la création artistique et de son rôle dans la société, tout en les faisant lire et écrire autant que dans un cours plus traditionnel.

Il est évident que la plupart de ceux à qui je m'adresse ici ne vont pas pouvoir ni vouloir (au départ, du moins) baser tout un cours sur la chanson. Comment pouvez-vous profiter--et faire profiter vos élèves ou étudiants--de la chanson, tout en continuant à enseigner ce que vous êtes censé enseigner?

Commencez par le commencement

La première chose à faire, c'est de commencer. Et pourquoi pas au commencement? Un premier pas, c'est de passer régulièrement une chanson pendant les deux ou trois minutes avant le commencement officiel de la classe. Ainsi vous ne prenez aucun temps sur le programme officiel prévu, et peut-être obligatoire, et vous pouvez déjà vous attendre à deux résultats.

D'abord, si vous avez bien choisi les chansons, il est probable que les élèves ou étudiants vont se mettre à arriver avant l'heure aussi, dans la mesure du possible. Ils vont se défaire tout doucement du milieu ambiant non-français (je parle ici d'une classe de français langue seconde, évidemment) et s'immerger dans la langue française de façon agréable et presque inconsciente. Il sera d'autant plus facile de "se mettre au travail" après, en français.

Un deuxième résultat, moins apparent mais tout aussi important, c'est que vous invitez ainsi dans votre salle de classe toute une gamme de voix et de façons de parler authentiquement françaises. Vous mettez vos élèves ou étudiants en présence d'une diversité d'intonations, de prononciations et même d'accents, diversité qui reflète la réalité du monde où l'on parle français. Vous formez ainsi les capacités réceptives de vos élèves, même s'ils ont d'abord l'impression de ne rien comprendre.

"Mais on comprend pas!"

Ne pas comprendre à la première écoute d'une chanson, cela n'a rien de bien étonnant. Vous en avez sans doute l'expérience dans votre langue maternelle aussi, quelle qu'elle soit. Ce n'est pas une situation à éviter comme la peste, mais plutôt à exploiter. Il est évident que les jeunes de par le monde qui écoutent la musique américaine ou anglaise ne comprennent pas plus au départ, mais bon nombre d'entre eux ont appris l'anglais plus par la chanson que sur les bancs de l'école.

Pour la petite histoire, j'ai eu l'occasion en France de discuter avec John Lee Hooker, un bluesman américain dont j'ai moi-même du mal à saisir toutes les paroles. Ils m'a parlé d'une jeune Française, rencontrée après un de ses concerts à Nice, qui connaissait tous ses disques par cœur! Si vous avez eu l'occasion de flâner dans le Quartier Latin ou devant le Centre Beaubourg, vous avez entendu Bob Dylan, Cat Stevens ou les Beatles chantés sans accent non seulement par des Français mais par des Allemands, des Danois, des Nord-Africains. La chanson traverse les frontières nationales, elle saute par-dessus les barrières de langue.

Exploitez donc le manque de compréhension! Si vous avez bien choisi les chansons, si la musique et la voix sont telles qu'elles accrochent l'oreille et la sensibilité, cela donne envie non seulement de les entendre, mais aussi de les écouter. Si la chanson a vraiment quelque chose à communiquer, ceux qui écoutent vont y être sensibles, même si c'est d'abord à un niveau pré-intellectuel, émotionnel, et ils vont avoir envie de les comprendre.

La Chanson dans les petites classes

Les enseignants au niveau primaire emploient depuis longtemps le rythme et la musique pour soutenir l'apprentissage, ne serait-ce que de l'alphabet. Il est possible d'inventer de petites mélodies simples pour accompagner tout autre ensemble. Les jours de la semaine, par exemple, peuvent s'apprendre plus facilement et plus agréablement quand ils sont chantés, ce qui est encore facilité par le fait qu'ils riment tous jusqu'à dimanche, qui clôt la série.

Les chansons traditionnelles sont souvent construites sur de tels principes d'énumération et pourraient faciliter l'apprentissage de beaucoup de choses sous le couvert d'une chanson ou d'un jeu. Pour apprendre les parties du corps, par exemple, on peut se servir de chansons comme *Savez-vous planter les choux?* (On les plante avec le nez... avec le coude... avec le pied, etc.), ou bien *Mon âne, mon âne* , qui a successivement mal à la tête, aux pieds, au ventre, aux dents, etc. Un geste accompagne chaque énumération, renforçant le sens des paroles.

Le langage simple, les répétitions, les refrains des chansons traditionnelles les rendent particulièrement faciles à apprendre et à chanter, soit par les enfants même très jeunes, soit par des débutants en français de tout âge. Des chansons comme *Aux marches du palais* ou *Vive la rose* peuvent être chantées et appréciées--à des niveaux différents, évidemment--à six ans ou à soixante-six ans. De plus, bien sûr, les chansons véhiculent toute une culture au sens profond que tout Français de naissance commence à assimiler en même temps que ses premiers biberons. *Cadet Rousselle, Malborough* ou *Le Petit Cordonnier* font autant partie de la culture française que Napoléon et compagnie.

En plus de ces vieilles chansons, qui font partie du patrimoine culturel, il existe une quantité de chansons modernes qui ont été créées pour--et quelquefois par--les enfants. Des disques de chansons de bonne qualité et qui n'ont rien de bêtifiant--un risque que courent ceux qui s'adressent aux enfants du haut de leur piédestal de grande personne--peuvent apporter de l'air frais dans toute classe de français langue seconde, et donner envie aux enfants et à leurs maîtres de créer des chansons à leur tour, en improvisant leurs propres instruments de musique.

Anne Sylvestre a sorti toute une série de 45 tours accompagnés de livrets qu'elle appelle des Mercredisques. Certains d'entre eux sont maintenant regroupés sur des 30 cm, les Mercredisques géants. Mère de deux filles elle-même, elle sait parler de la réalité des enfants--la rue, l'école, les copains, les jeux--dans un langage réel qui ne les méprise pas. Elle n'est heureusement pas seule de son espèce. Henri Dès et le duo François Imbert et Françoise Moreau sont également très appréciés par petits et grands.

D'un tout autre genre, mais également valables, deux Américains depuis longtemps établis en France et qui ont le don de faire chanter et de faire inventer des chansons. Il s'agit de Steve Waring et de Roger Mason. Le disque *La Baleine bleue* du premier est un bon exemple, et tous les deux continuent à semer la bonne parole de la chanson en France. Pourquoi pas dans votre classe?

Le Choix des chanteurs...

Quelques observations sur le choix des chanteurs et des chansons aux niveaux secondaire et universitaire, ou pour l'éducation continue auprès des adultes.

Pour des chansons que l'on voudrait par la suite exploiter sur le plan linguistique ou culturel, il est évidemment souhaitable que les paroles soient d'une part bien énoncées, et d'autre part intelligibles. Ce n'est pas toujours le cas, en particulier chez certains chanteurs ou groupes rock, où les paroles sont noyées dans une musique trop forte et envahissante.

Il est important également de commencer par des chansons qui vont avoir de bonnes chances de plaire aux apprenants, d'abord par la musique et l'interprétation--c'est ce qui est perçu d'abord--, et ensuite par les paroles. Pour la plupart des gens, la chanson est un élément de divertissement et non un sujet d'étude "sérieux", et il faut, du moins au début, les prendre là où ils sont.

Dans son excellent article, "Stratégie pour une étude de la chanson française", Alain Chamberlain suggère fortement d'éviter, au départ, des chansons qui risqueraient de provoquer un "blocage socio-culturel": pour beaucoup de jeunes, l'orchestre de jazz ou les violons seraient "la musique de papa"; pour beaucoup d'étudiants étrangers, la musette ou l'accordéon se rangeraient au placard des stéréotypes touristiques avec la tour Eiffel en plastique.

Comment éviter cet écueil? Chamberlain rappelle la vieille règle pédagogique: mélanger le connu et l'inconnu avant d'arriver à l'inconnu. Choisir donc au début des chanteurs dont la musique n'est pas trop éloignée de celles que les apprenants connaissent et apprécient déjà. Pour les pays anglo-saxons--et étant donné la vogue de la musique américaine et britannique, ceci est de plus en plus généralisable--, cela veut dire le rock, le blues, le jazz, le folk, accompagnés de guitare électrique ou acoustique, piano, orgue ou synthétiseur, basse, et batterie. Parmi les chanteurs qu'ils ont choisis selon ces critères en Nouvelle-Galles du Sud figurent Maxime LeForestier, Michel Polnareff, Jacques Dutronc, Yves Simon et Hugues Aufray. (Il serait bon d'y ajouter quelques noms de femmes, qui, si elles restent minoritaires, ne sont pas pour cela moins intéressantes: Mama Béa, Pauline Julien, Mannick ou Anne Sylvestre, par exemple. Si on laisse les femmes de côté, on court le risque, à la longue, de laisser de côté une partie de nos apprenants!)

Personnellement, je choisis de préférence des auteurs-compositeurs-interprètes, estimant que la communication de personne à personne va être d'autant plus forte dans leurs chansons. Ceci dit, il pourra être très intéressant, par la suite, de regarder de près le rôle de l'interprète en écoutant diverses interprétations d'une même chanson. Serge Reggiani, Yves Montand et Marc Ogeret parmi les hommes, Francesca Solleville, Juliette Gréco et Pauline Julien parmi les femmes, sont des interprètes de très grande qualité et par leur choix de chansons et par l'interprétation qu'ils en donnent.

... et des chansons

Comme au niveau du choix des chanteurs, il est important de choisir les premières chansons en fonction du critère du connu/inconnu, ce qui donne un accès plus facile à la chanson soit sur le plan musical, soit sur le plan du thème abordé. Si l'un ou l'autre est relativement familier aux apprenants, le reste posera moins de problèmes.

Dans le cas de Maxime LeForestier, par exemple--l'un de ceux qui "marche" toujours en classe, d'après mon expérience aux États-Unis--, je peux commencer par "L'Autostop", écrit en fait sur une musique américaine dans le style folk des années 60-70, et qui raconte une expérience drôle à la fois assez familière aux jeunes de chez nous et bien enracinée dans le contexte culturel français des départs en vacances. Ou au contraire, choisir un thème ayant un rapport direct avec l'Amérique comme *San Francisco* ou, à un niveau moins évident, *Notre Vie en rose* (où il est question de Coca Cola et de drapeaux étoilés à l'époque de la guerre du Vietnam).

Le Professeur Chamberlain suggère d'aborder des chanteurs apparemment plus "difficiles" par le biais de l'humour: de choisir d'abord *Madeleine* ou *Comment tuer l'amant de sa femme...* de Brel, au lieu de commencer par des chansons comme *Le Plat Pays* ou *Les Vieux*. Les chansons drôles de Brassens, par contre, sont parfois très difficiles et assez souvent paillardes, ce qui pose un autre problème, surtout au niveau secondaire. On choisira alors plutôt des chansons comme *Chanson pour l'Auvergnat* ou *Pauvre Martin*. Une fois le contact établi, les chansons difficiles ou moins facilement abordables passeront également.

Il y aura toutefois des surprises de temps à autre, où les apprenants n'apprécieront pas du tout telle ou telle chanson. Cette année encore j'ai été étonné de la réception presque unanimement négative que mes étudiants ont réservée à la chanson de Jean Ferrat sur un beau poème d'Aragon, *Nous dormirons ensemble*. Il faut reconnaître la part du goût personnel de chacun qui entre dans l'appréciation de quelque chose d'aussi complexe qu'une chanson, goût personnel qui se formera et s'élargira au fur et à mesure que l'apprenant se mettra davantage à l'écoute attentive de ces chansons venant d'ailleurs, portant en elles tout un monde. Ne nous décourageons donc pas si telle chanson que nous aimons ne passe pas; ce n'est peut-être pas définitif.

Mais choisissons d'abord de sorte que les premières expériences soient presque sûrement positives. Un bon début va porter des fruits pour toute la suite, surtout sur le plan de la motivation des apprenants. Ceux du Professeur Chamberlain, par exemple, "s'impatientaient de connaître d'autres chanteurs, et n'en revenaient pas de découvrir qu'il y avait autre chose que Piaf, Aznavour et *Le Pont d'Avignon* dans la chanson française."[16] Mes étudiants sont presque unanimes à noter sur leurs évaluations de fin de cours qu'ils ont apprécié les chansons autant sinon plus que tout le travail plus "traditionnel" fait dans le cours.

Commencez donc par passer une ou deux chansons par semaine. Vos élèves ou étudiants vont probablement vous demander de repasser telle ou telle chanson, ils vont vouloir connaître le nom du chanteur, savoir de quoi il s'agit dans la chanson. Ils vont vous demander si vous avez les paroles (voilà une occasion de faire la distinction entre 'mots' et 'paroles'), ils vont *avoir envie* de comprendre. Quelle meilleure attitude pourrions-nous susciter?

Le plaisir de comprendre

Une deuxième étape va permettre à ce désir de se réaliser et va offrir aux apprenants le vrai plaisir de comprendre quelque chose qu'ils n'avaient pas compris au départ et de mesurer ainsi le chemin parcouru.

La façon la plus simple de procéder, à suggérer surtout si vous ne voulez ou ne pouvez consacrer aucun temps en classe à quelque chose d'aussi "frivole" que la chanson, c'est de préparer des copies ronéotypées ou photocopiées des paroles de la chanson et de les proposer à ceux qui les désirent. Attention: préparez-en assez, tout le monde en voudra si les chansons sont bien choisies. Mais il est bon d'en faire quelque chose de facultatif et non d'imposé. Il est bon également de donner des choix, d'offrir un espace de liberté à l'intérieur duquel l'apprenant sent qu'il agit de par sa propre initiative. C'est une expérience agréable qui peut avoir des retombées très positives sur la façon dont les apprenants abordent leur travail.

Donnez donc des copies à ceux qui les désirent, et repassez la même chanson plusieurs fois, soit deux ou trois jours de suite, soit en alternance avec une autre chanson. Pour préparer les textes, tapez ou photocopiez le texte tel que vous le trouvez sur la pochette du disque ou dans une des autres sources que vous trouverez dans la bibliographie ci-dessous. Faute de mieux, il est possible de transcrire le texte soi-même, mais c'est un processus assez laborieux.

Si vous distribuez le texte tel quel, il est probable que les apprenants auront quelques problèmes de compréhension, même après l'avoir lu à la maison, dictionnaire à la main. Ce n'est pas une mauvaise chose, encouragez-les à vous demander des précisions ou des explications de tout ce qui reste obscur. Ils vont apprendre peu à peu comment s'attaquer à un texte, être sensible aux niveaux de langage (les [pop.], [fam.], [vulg.] de leur dictionnaire), utiliser diverses ressources, y compris leur professeur et leurs camarades de classe, pour arriver à comprendre.

Quand, le lendemain ou le surlendemain, la chanson revient, ils perçoivent aussitôt, avec plaisir, le fruit de leur effort. Ils vont comprendre la chanson de plus en plus facilement, d'abord texte en main, ensuite sans aucun support écrit. Il n'est pas du tout exclu que ce plaisir soit contagieux et qu'il ait des répercussions sur le reste de leur travail en français. Et s'ils prennent goût à ce plaisir, qui sait où cela peut mener!

Il est possible de faciliter la compréhension du texte, surtout si vous ne voulez pas que les questions débordent sur le précieux temps, toujours trop limité, que vous avez en classe. Il s'agit tout simplement d'ajouter dans les marges du texte les gloses nécessaires, donnant des définitions, identifications ou explications de mots ou d'expressions qui risquent de poser des problèmes même pour ceux qui font un effort personnel. Il me semble extrêmement important que ces gloses soient en français, assez simple pour le niveau de la classe, et non dans la langue des apprenants, pour que ceux-ci ne sortent pas du milieu linguistique et culturel de la chanson. Il faut toutefois résister à la tentation de tout faire à la place des apprenants, leur ôtant tout problème mais aussi tout le plaisir de l'effort et de la découverte personnels.

Donner une vraie place à la chanson

Jusqu'ici, nous avons parlé de la chanson qui reste en marge des vraies activités de la classe. C'est comme cela qu'elle a souvent été traitée: à la rigueur, elle avait sa place comme élément de motivation, ou de récompense, ou de distraction. Tout cela n'était pas mauvais, mais c'était reléguer la chanson à une place tout à fait secondaire. Elle ne faisait pas partie du programme tel que le définissaient l'école, le département, le directeur ou même le professeur.

Depuis dix ou quinze ans, un nombre croissant de professeurs accordent à la chanson une place à part entière dans leur enseignement et s'efforcent de répandre la bonne nouvelle parmi leurs collègues dans des congrès, colloques, articles et livres. La bibliographie ci-dessous reflète ce travail qui a lieu dans des salles de classes comme la vôtre, que ce soit en Europe, en Amérique ou en Australie, au niveau primaire comme au lycée et à l'université. Ce petit livre voudrait vous encourager à vous y essayer. Comment faire?

Exercices d'écoute

La chanson peut en premier lieu servir à des exercices d'écoute et de compréhension orale. Elle permet d'offrir aux apprenants des voix et des façons de parler authentiques et variées et affine leurs capacités de comprendre le français tel qu'il est effectivement parlé en dehors d'une situation de classe. Chaque chanson est un document authentique de langue et de culture qui n'a pas été créé à l'usage de l'apprenant étranger. Elle offre une entrée dans la langue française et tout ce qu'elle véhicule: une façon d'être, de sentir, de se voir, de réagir au monde. Elle permet d'entrer dans une certaine mesure dans ce que c'est que d'être français (ou québécois, ou belge ou africain) de nos jours. Ce n'est pas peu de chose.

Première écoute

L'exercice le plus simple est l'écoute en commun d'une chanson, d'abord sans texte. On peut même demander aux apprenants de fermer les yeux et d'essayer de percevoir la chanson globalement, ainsi que de saisir de quoi il s'agit dans l'ensemble. Même quand les paroles ne sont pas comprises dans le détail, les apprenants peuvent déjà avoir une certaine idée du sujet, du ton, de l'émotion. Une communication peut avoir lieu qui ne dépend pas des seules paroles, mais qui donnera envie de comprendre ces paroles plus précisément.

Pour faciliter et guider cette écoute, il est possible de fournir quelques indications ou tâches précises à l'avance. On peut demander soit à toute la classe, soit à des groupes séparés, de prêter une attention particulière à certains éléments de la chanson: la voix, l'expressivité de l'interprétation, les instruments qui accompagnent la voix, l'orchestration, les rimes, la répétition de mots ou de phrases, l'accentuation de certains mots par ces divers moyens, etc.

Certains professeurs choisiront d'orienter déjà cette première écoute en fonction de l'exploitation qu'ils ont l'intention d'entreprendre par la suite. Une façon de le faire est de donner aux apprenants une "grille" d'écoute, leur demandant de repérer et de noter, par exemple, certains éléments linguistiques: les verbes au passé composé, ou les impératifs, ou les expressions de temps.

La mise en commun de ces observations donne déjà une première impression. On peut demander, par exemple: qui chante? un homme? une femme? jeune ou d'âge mur? Quel semble être le ton? triste, gai, mélancolique, aggressif, violent, nostalgique, ironique? À qui s'adresse la chanson? à une personne spécifique, comme "Monsieur le Président" dans *Le Déserteur* de Boris Vian, ou le "tu" des chansons d'amour? à un groupe? à chaque personne en tant que telle? Ou bien, est-ce que la chanson raconte une histoire? Qu'est-ce qui se passe? Quels sont les personnages? Ce jeu de questions peut aller plus ou moins loin, selon la compréhension de la chanson à la première écoute.

De nouveau, quelques questions qui n'ont pas encore eu de réponse peuvent orienter la deuxième écoute, qui cherchera à établir le texte exact.

Rétablir le texte

On reprend la chanson donc au début, par petits bouts, et on fait rétablir le texte complet, oralement ou par écrit au tableau, par l'ensemble de la classe. Certains passages ou mots résisteront même à deux ou à trois écoutes successives: il est bon d'éviter les pertes de temps inutiles en écrivant à l'avance au tableau des mots sûrement inconnus des apprenants; c'est l'équivalent des gloses portées sur le texte écrit pour en faciliter l'accès.

Le professeur peut faciliter la compréhension de la chanson en mimant les actions ou les sentiments exprimés. Comme tout professeur de langue qui enseigne de façon directe et active est un peu comédien, ce jeu ne devrait pas lui être trop difficile. Il peut même proposer aux apprenants de l'imiter, ce qui facilite non seulement la compréhension mais aussi l'apprentissage de la chanson, qui s'inscrira ainsi dans le corps. C'est ainsi, d'ailleurs, que mon fils cadet a appris à lire et à écrire en France, par une méthode dite "gestuelle" qui s'est avérée efficace. Plus on fait entrer d'éléments divers dans le processus de l'apprentissage--cerveau, sens, corps, sentiments, émotions--plus cet apprentissage sera efficace et durable.

Je me souviens toujours, par exemple, d'une chanson d'enfants que j'ai apprise il y a vingt-cinq ans, tout au début de mon apprentissage du français. Toutes les actions de la chanson sont mimées, tous les mots importants sont designés par des gestes, tout le corps participe à la production de la chanson:

> Dans sa maison un grand cerf
> Regardait par la fenêtre
> Un lapin venir à lui
> Et qui lui a dit:
> "Cerf, cerf, ouvre-moi,
> Ou le chasseur me tuera."
> "Lapin, lapin, entre et viens
>   Me serrer la main."

Ce n'est qu'une petite chanson d'enfants, me direz-vous. Mais le principe est généralisable et peut servir même au niveau secondaire et universitaire. Le professeur qui ne se prend pas trop au sérieux, qui comprend l'importance du jeu, de tout l'aspect ludique de l'enseignement, et le rôle des gestes et du langage non-verbal dans toute communication, pourra en profiter et en faire profiter sa classe. Ce jeu n'est pas limité aux chansons d'enfants. Beaucoup de chansons de Brel, par exemple, sont des pièces de théâtre en trois minutes, et se prêtent très facilement à cette présentation active.

De toutes façons, chaque fois qu'un ensemble de mots a été compris par l'un ou par l'autre, il est bon de le faire répéter en chœur par tout le monde. D'une part, cela empêche ceux qui ont davantage de mal à saisir les paroles de rester inactifs; d'autre part, cela facilite pour tout le monde l'apprentissage actif de la chanson par la suite. Et cela donne aux apprenants l'occasion d'imiter et d'assimiler des langages et des façons de parler authentiques, ce qui n'est pas peu de chose.

L'Équipement

Il est très important, surtout lors de cette deuxième écoute, de disposer d'un équipement adéquat. Le plus facile est de travailler avec des cassettes et un magnétophone dont la touche "pause" fonctionne de façon rapide et précise, ce qui permet des arrêts et des redéparts nets et sans pertes. Un disque, par contre, permet très peu de manipulation en classe et n'y résiste pas très longtemps. Conserver vos disques précieusement à la maison, et copiez sur cassettes les chansons que vous comptez utiliser en classe. (Cela permet d'ailleurs de composer des "cocktails" personnels, par thèmes ou non, qui correspondent exactement à vos besoins.)

Une fois le texte établi oralement par tout le groupe, on peut distribuer le texte écrit, avec ou sans gloses des difficultés linguistiques, et réécouter toute la chanson. À partir de cette troisième écoute on peut procéder à une analyse du texte, qui ne sera plus simplement un texte écrit, mais un texte porté et coloré par tous les aspects sonores et musicaux qui en sont des éléments essentiels.

Textes à trous

Une autre sorte d'exercice d'écoute se sert d'un texte à trous, c'est-à-dire un texte dont certains mots ont été éliminés. Ce texte peut être distribué après une seule écoute de la chanson. Une deuxième et troisième écoute permettront à chacun de rétablir le texte tel qu'il est chanté.

L'intérêt de cet exercice est encore plus grand quand les mots éliminés sont choisis en fonction d'un but précis, par exemple pour renforcer un élément de grammaire ou de structure que l'on vient d'étudier: les pronoms personnels, les verbes à des temps ou des modes spécifiques, l'accord des adjectifs en genre et en nombre, etc. Les chansons peuvent être choisies spécialement en fonction d'un tel but précis. Vous trouverez plus loin une liste de certaines chansons qui s'y prêtent, dont par exemple *Attendez que ma joie revienne*, de l'album *Dis, quand reviendras-tu?* de Barbara pour une révision du subjonctif. Voici le premier couplet:

```
Attendez que ma joie _____          [revienne]
Et que se _____ le souvenir          [meure]
De cet amour de tant de peine
Qui n'en finit pas de mourir
Avant de me dire je t'aime
Avant que je _____ vous le dire        [puisse]
Attendez que ma joie _____           [revienne]
Qu'au matin je _____ sourire.         [puisse]
```

Une de mes chansons préférées de Jean Ferrat, tirée de l'album *Ferrat 80*, sert à merveille à faire assimiler le futur et se prête bien à cet exercice. Le titre, *Tu verras, tu seras bien*, comprend déjà deux futurs irréguliers, et il est repris comme refrain, répété, à la fin de chaque couplet, qui est, lui aussi, essentiellement au futur. D'habitude, mes étudiants se mettent à chanter le refrain dès le deuxième couplet. Voici la fin de cette chanson, dans laquelle un fils déjà adulte essaie de persuader à sa vieille maman--et se persuader à lui-même--qu'elle sera très bien à la maison des vieillards:

```
Et puis quand viendra dimanche
On ira faire un festin
Je me pendrai à ta manche
Comme quand j'étais gamin
Tu verras pour les vacances
Tous les deux on sortira
Là où l'on chante, où l'on danse
On ira où tu voudras
Tu verras tu seras bien (bis).
```

Correction d'erreurs

Une variation de cet exercice consiste en un texte sans trous, mais où vous avez fait quelques "erreurs". Il s'agit alors, pour les apprenants, de rétablir le texte tel que l'interprète le chante. Ceci suppose d'une part une écoute attentive, d'autre part une attention aux détails de l'orthographe et de la grammaire.

Il arrive, d'ailleurs, qu'il y ait de telles "erreurs" sans votre collaboration, soit que l'interprète se trompe, soit qu'il change exprès le texte pour des raisons personnelles ou contextuels, soit que le texte imprimé comporte des fautes d'orthographe (ou même pires).

Ne nous lamentons pas de ces "fautes", car il est possible de les exploiter comme toute autre chose en classe. Les erreurs peuvent et doivent être l'occasion d'apprendre quelque chose.

On peut par exemple se demander pourquoi l'interprète change le texte, s'il le fait exprès. C'est peut-être parce que l'auteur l'a écrit au départ pour être chanté par une personne du sexe opposé. C'est peut-être pour adoucir ou même édulcorer un texte jugé trop osé ou trop provoquant sur le plan social ou politique. Ces changements peuvent donner lieu à des discussions des plus intéressantes.

Quant aux fautes de français que l'on trouve de temps en temps dans les textes imprimés, il peut être encourageant pour ceux qui se donnent tant de mal pour apprendre le français de voir que même les Français ont quelque mal à le maîtriser!

Une Écoute active

Pendant tous ces exercices, encouragez une écoute active: il est non seulement permis mais tout à fait bien de chantonner, même de chanter tout doucement en écoutant la chanson, car c'est le meilleur moyen d'assimiler tout le rythme, toute l'intonation de la langue, et d'apprendre les paroles qui sont ainsi soutenues et rendues mémorables par le support musical. Chacun de nous peut sans doute encore chanter certaines chansons ou rengaines de notre enfance, car elles nous sont entrées dans le corps et non seulement dans la tête. Pourquoi ne pas donner cette même puissance au français que nous enseignons?

La Compréhension du texte

Une fois que la classe a abordé la chanson en tant que chanson, qu'elle l'a écoutée dans son intégralité, qu'elle s'est laissé un peu imprégner par le rythme et les sonorités, elle peut être confrontée au texte sans oublier que le texte n'est que le squelette de la chanson. Elle pourra disséquer le texte en sachant que cette opération permettra de mieux comprendre et apprécier la chanson par la suite.

Travaillant sur le texte d'une chanson que l'on a déjà écoutée, il s'agit alors d'expliciter d'abord tous les mots, toutes les expressions ou tournures de phrases, toutes les références à des réalités en dehors de la chanson, toutes les structures grammaticales qui risquent de faire obstacle à la compréhension du texte; et ensuite, de faire prendre conscience aux élèves des rapports entre ce texte d'une part, et la chanson d'autre part, c'est-à-dire du mariage entre le texte et tout ce qui donne une chair, un cœur, une âme à l'ossature qu'est le texte .

À travers plusieurs années d'enseignement de la chanson, Denis Mouton a développé une approche à l'analyse d'une chanson qui me semble utile à reprendre ici en partie, bien que la plupart des professeurs de français n'aient pas le temps de faire un travail aussi approfondi dans leur propre classe. J'utilise moi-même certains de ces éléments régulièrement, d'autres rarement ou pas du tout. À chacun de choisir selon les buts qu'il se donne et les circonstances pratiques de son enseignement.

Voici donc un questionnaire, accompagné de quelques commentaires, qui peut servir de point de départ pour l'analyse d'une chanson. Tel quel ou adapté aux besoins du moment, il peut servir de cadre pour une analyse orale en classe, après une écoute en commun. Il peut également être distribué aux élèves pour guider un travail d'approfondissement fait à la maison ou au laboratoire de langue.

L'Analyse d'une chanson

1. Quel est le sujet de la chanson?

Il y a certaines chansons dont le sujet n'est pas évident, et doit être discerné en lisant (ou écoutant) pour ainsi dire entre les lignes. Telle est mon expérience en classe avec *Couleurs vous êtes des larmes* de Guy Béart, une plaidoirie contre le racisme et l'intolérance chantée en forme de berceuse.

2. Y a-t-il allusion à des références précises (lieux, êtres, événements, etc.)?

Il est important que le professeur ne prête pas sa propre grille aux apprenants, en supposant que les références à des réalités de la vie, de la politique, de l'histoire, de la géographie soient claires pour tout le monde. Rien n'est moins évident.

C'est parfois une question de générations: il est bon de s'assurer de la bonne compréhension de tout le monde et d'écarter au besoin les œillères éthnocentriques des uns ou des autres: raison de plus d'enseigner et d'apprendre le français par la chanson.

3. Quelle relation existe-t-il entre le titre et le contenu de la chanson?

4. Trouvez un autre titre à cette chanson.

Donner un titre n'est pas chose simple: on risque de limiter la portée du texte à une seule signification. Il serait intéressant de demander aux apprenants d'inventer un titre sans savoir encore celui qu'a effectivement choisi l'auteur.

5. Pouvez-vous identifier qui "dit" le message? qui "fait" l'action?

Il est important de faire comprendre aux élèves que le "je" de la chanson n'est pas forcément identique à l'auteur: ce "je" est inventé comme le "je" d'un roman ou d'un poème. Ceci dit, la chanson d'auteurs-compositeurs-interprètes est très souvent une expression assez directe de leurs sentiments, idées, ou opinions personnels, ce qui contribue à la communication très forte qui peut s'installer entre un chanteur et son public.

6. À qui s'adresse-t-on dans la chanson?

La chanson peut s'adresser à une personne spécifique, à un groupe que l'on critique ou interpelle, à tout auditeur, ou à chacun à titre

personnelle, comme à la fin de *Mon Pays* de Gilles Vigneault :
"C'est pour toi que je veux posséder mes hivers".

Dans tous les cas, il y a une certaine complicité qui s'établit, entre
le chanteur et l'individu qui l'écoute, ou parmi tous ceux qui
l'écoutent et qui s'identifient avec lui ou se reconnaissent dans ses
propos.

**7. Comment s'organise la chanson (son plan)? Est-elle
découpée selon le type "refrain-couplets-refrain"?**

**8. Expliquer l'idée ou l'action principale de chaque couplet ou
strophe.**

L'analyse indiquera également la fonction des différentes parties
de la chanson: récit, commentaire, etc.

**9. Relevez le vocabulaire qui est relié au thème (sujet) de la
chanson: noms, verbes, adjectifs, adverbes.**

**10. Faites le tableau des verbes. Quels sont les temps et modes
dominants ? Quelle personne du verbe est employée
principalement? Que pouvons-nous en conclure?**

Ce tableau peut être révélateur du sens de la chanson: les
imparfaits de *La Montagne* de Jean Ferrat relèguent la vie de la
montagne dans un passé irrécupérable, les subjonctifs de *Attendez
que ma joie revienne* de Barbara expriment l'aspect hypothétique
du nouvel amour.

**11. Y a-t-il présence des caractéristiques de la langue parlée?
Ont-elles une fonction spéciale?**

La chanson reflète, plus que d'autres genres de textes, le français
tel qu'on le parle, y compris les élisions, l'omission du 'ne'
négatif, etc. Il est bon que l'élève comprenne ces différences et
apprenne à manier la langue parlée et la langue écrite à bon escient.
L'étude de la chanson, à côté d'autres genres de textes, peut
contribuer à cet apprentissage.

12. Passe-t-on d'un niveau de langue à un autre?

Il y a des chansons qui font appel à des niveaux de langue très divers, et il est bon que l'on apprenne à distinguer les langages familier, populaire, argotique, vulgaire, etc. en contexte, ce qui pourra aider les apprenants à les apprécier comme des richesses de la langue française et à les utiliser (ou éviter) en connaissance de cause.

13. L'auteur emploie-t-il des figures de style? Quelle est leur fonction? Quel est leur sens? (comparaisons, métaphors, personnifications, d'autres).

14. Pour chaque strophe, donnez les caractéristiques techniques: sonorités; rimes; assonances; pieds.

L'analyse de la chanson permet une initiation à la versification de la poésie française, tout en la distinguant de celle de la chanson, où le texte imprimé indique souvent l'élision de l'e muet typique de la langue parlée--élision que l'élève étranger a quelquefois du mal à assimiler et à pratiquer.

16. Expliquez le lien qui existe entre le texte et la musique.

17. L'interprétation (la voix) aide-t-elle à la compréhension de la chanson?

18. Y a-t-il dans le texte des structures nouvelles ou particulières? des mots nouveaux?

19. Trouvez, chez un autre auteur, une chanson qui traite du même sujet. En connaissez-vous dans votre langue maternelle? Comparez les différentes façons d'aborder ce même sujet.

Il y a des thèmes frappants dans la chanson française--entre autres le testament, la mort, l'enterrement--qui peuvent donner lieu à des comparaisons culturelles fructueuses.

Il peut être instructif, par ailleurs, d'étudier côte à côte des chansons françaises et leurs adaptations dans la langue maternelle des apprenants, ou au contraire des adaptations en français de chansons écrites dans cette même langue maternelle. Ce ne sera pas facile dans toutes les langues, mais pour l'anglais et l'allemand au moins il y a pas mal de possibilités.

Il y a toujours eu quelques adaptations de chansons françaises en anglais et vice-versa. Que l'on pense par exemple à *Autumn Leaves*, écrit à l'origine par Jacques Prévert et composé par Joseph Kosma. Dans les années 60 et 70, beaucoup de chansons de Bob Dylan, Tom Paxton, Pete Seeger et d'autres ont été adaptées en français. Hugues Aufray a sorti un album entier de chansons de Dylan, et Graeme Allwright, un Néo-Zélandais dont la France est le pays d'adoption, a fait des adaptations extraordinaires de chansons traditionnelles ou contemporaines de langue anglaise. Ce même Graeme Allwright a récemment sorti tout un album de chansons de Georges Brassens en anglais, chose jusque là considérée à peu près impossible.

Brassens avait pourtant déjà été adapté en allemand, surtout par Reinhard Mey, auteur-compositeur très connu en Allemagne en allemand, et assez connu en France également, en français, sous le nom de Frédérick Mey. En plus des adaptations, il écrit beaucoup de ses propres chansons en versions française et allemande. [Notez l'article de E. Jung dans la bibliographie plus loin.] Klaus Hoffmann, un autre auteur-compositeur allemand de grande qualité, chante Brassens en allemand et commence à voir ses propres chansons adaptées, par Marc Robine, par exemple, sur son album, *Gauloises*.

20. Commentaires supplémentaires.

Les chansons peuvent servir de point de départ de discussions portant sur tous les thèmes abordés. Il serait possible de trouver une chanson portant sur presque tous les aspects de la réalité telle qu'elle est vécue et ressentie. Chaque chanson donne une approche spécifique et bien enracinée dans la langue et la culture de l'auteur, et permet aux élèves d'entrer dans la sensibilité de l'auteur, de la comprendre de l'intérieur, de la confronter à leur propre façon de sentir et de penser.

Le répertoire de chansons par thèmes plus loin ne fait que suggérer les richesses de la chanson contemporaine pour l'étude de la culture au sens le plus large du terme.

La chanson peut donc accompagner tout autre livre ou méthode de langue ou de civilisation employés en classe, en y ajoutant un élément plus vivant que tout autre texte qui n'est que texte.

L'Exploitation linguistique

La chanson se prête à merveille à renforcer et à soutenir l'apprentissage de la langue, et elle peut être exploitée de plusieurs façons complémentaires.

Comme je l'ai suggéré plus haut, une chanson peut être sélectionnée pour accompagner la présentation et l'étude d'un élément de grammaire: le futur, le subjonctif, les pronoms personnels, etc. La chanson servira de contexte mémorable, de point de référence qui restera inscrit dans la mémoire auditive, et auquel le professeur peut à tout moment faire appel: "vous vous rappelez, c'est comme dans la chanson de Brel, *Ne me quitte pas*".

Cette chanson peut par exemple soutenir une leçon sur l'impératif et la place des pronoms. Une fois la chanson tant soit peu assimilée, il ne sera plus possible de mal placer les pronoms puisqu'on aura à l'oreille le "ne *me* quitte pas" répété quatre fois à la fin de chaque couplet, aussi bien que le "laisse-*moi* ...."

Chaque chanson apprise et assimilée fournira une quantité de structures et de tournures de phrases qui resteront dans la mémoire auditive, si importante comme point de référence dans la langue maternelle et si difficile à acquérir dans une langue étrangère.

Le professeur peut attirer l'attention sur de telles structures pendant le rétablissement du texte de la chanson et même faire de petits exercices de substitution sur-le-champ. Il faut veiller toutefois à ne pas exagérer dans ce sens: on risquerait de gâter chez les élèves le plaisir de la chanson. Mieux vaut créer un magasin de références communes d'où on pourra tirer de bons exemples le moment venu.

Un bon exercice d'exploitation consiste à transformer la chanson de la première à la troisième personne, ou vice versa. Certaines chansons se prêtent à des transformations en dialogues, que les élèves peuvent ou écrire à la maison ou, mieux, jouer en classe.

D'autres sont déjà en forme de dialogues, comme *Dialogue* ou *Autre dialogue* de Maxime LeForestier; certaines chansons de Brel peuvent être jouées en classe comme des mini-pièces de théâtre, tellement les personnages sont déjà bien campés dans la chanson.

Les possibilités d'exploitation de la chanson ne sont limitées que par notre habitude de classer la chanson dans un coin quelque peu poussiéreux de notre salle de classe et de notre esprit. En donnant libre cours à notre imagination et à celle de nos élèves, on trouvera bien.

Chanter en français

Il y a plusieurs façons dont un apprenant peut assimiler, faire sienne, une chanson. Le fait d'écouter une chanson attentivement, à plusieurs reprises, rend son assimilation active d'autant plus facile, et un tout petit peu d'encouragement suffira en général à faire franchir ce pas qui fait vraiment vivre la chanson.

La façon la plus simple, c'est tout simplement de demander aux apprenants de chanter la chanson en même temps qu'ils en écoutent la version originale. Si tout le monde chante en même temps, y compris le professeur, les plus timides des apprenants s'y lanceront sans se sentir le centre de l'attention. Le fait de produire la chanson oralement, impliquant la mise en jeu des cordes vocales, de la respiration, des muscles et de tous les éléments physiques et psychiques nécessaires à la production de la parole, la fera entrer davantage dans le corps de l'apprenant, ce qui renforce la mémoire de façon remarquable.

Il est souhaitable de commencer, évidemment, avec des chansons qui sont assez faciles à chanter. Même avec des débutants en français, on peut commencer à chanter des chansons populaires telles que *Vive la rose* ou *Aux marches du palais*: les refrains et les répétitions facilitent énormément l'apprentissage et entraînent les plus réticents. Par la suite, on peut choisir des chansons contemporaines de facture rélativement simple, comme *Couleurs vous êtes des larmes*, de Guy Béart, auteur dont beaucoup de chansons rejoignent la grande tradition populaire. Une fois que la classe aura goûté le plaisir de chanter en français, le pli sera pris et elle abordera des difficultés musicales plus grandes sans en être intimidée à l'avance.

Une deuxième étape permet de chanter la chanson sans disque ou cassette. Il suffit pour cela de garder le bon rythme en claquant des doigts ou en tapant dans les mains. Les chansons bien rythmées s'y prêtent évidemment mieux que celles qui se rapprochent davantage du récitatif.

Pour la chanson québécoise, il existe des disques de musique sans paroles (voyez "Matériaux pédagogiques" plus loin) qui fournissent une bonne orchestration d'un grand nombre de chansons connues. Ils permettent de chanter les paroles des chansons sans le soutien de l'interprète, tout en ayant le support musical comme accompagnement. Je ne connais rien de semblable pour la chanson française.

Encore mieux serait de faire accompagner la chanson par l'un ou l'autre élève qui joue de la guitare, de la flûte, ou d'un autre instrument intéressant. Il y a parfois des talents insoupçonnés dans une classe, et il est très bien, et pour les individus et pour la classe en tant que classe, d'encourager de tels talents. Il se peut que des individus ou de petits groupes puissent s'intéresser à préparer telle ou telle chanson en dehors de la classe, pour la partager ensuite avec tout le monde. Tout ce qui peut faire travailler les apprenants sur le français et, dans la mesure du possible, en français, est bon à encourager. (Pour trouver des textes et des musiques, dont certaines comprennent les accords de guitare, voyez la bibliographie plus loin).

Certains professeurs, surtout les amateurs de la chanson, seront à même d'accompagner la classe à la guitare, s'il n'y a pas de musiciens qui se portent volontaires. Ceci aura peut-être un effet positif supplémentaire sur l'atmosphère de la classe en changeant l'image du professeur, encore trop fréquente dans l'esprit des élèves, de celui qui dicte du haut de son autorité en celui qui participe à un processus dont il est partie prenante. Si la chanson n'avait que cet effet-là, elle vaudrait largement le temps et l'effort que l'on y consacre.

De la re-création vers la création

Une étape supplémentaire peut permettre aux apprenants d'avancer vers une production, une création personnelle à partir d'une chanson qu'ils ont assimilée. Cette étape peut procéder par plusieurs stades.

La Personnalisation

Un premier stade pourrait se baser sur un texte à trous, comme ceux que l'on utilise pour un exercice d'écoute. Les trous éliminent un certain nombre de mots-clés, laissant intacts la structure et peut-être la plupart des rimes, s'il y en a. C'est ensuite à l'apprenant de réécrire la chanson en la personnalisant, c'est-à-dire y mettant ses propres noms, sentiments, expériences, images, rêves. La chanson devient ainsi sa chanson, où il peut se dire, s'exprimer, se reconnaître et se faire reconnaître. C'est une expérience qui peut être extrêmement valorisante, surtout pour un jeune qui se cherche, et vaut, elle aussi, tout le temps et l'effort qu'elle nécessite.

Une variante de cet exercice supprime le dernier couplet de la chanson et les apprenants, seuls ou en petits groupes, sont chargés de réécrire un dernier couplet. Le travail en groupes a le très grand avantage de permettre des échanges multiples en français, centrés sur une tâche très précise à accomplir. Les façons fort diverses de terminer la chanson, et donc en quelque sorte d'interpréter ce qui précède ce dernier couplet, peuvent donner lieu à des discussions passionnées et passionnantes.

En plus de la possibilité pour l'apprenant de s'expimer en français à l'intérieur d'un cadre connu et par le fait même sécurisant, ces exercices de production ou de création lui permettent de se rendre compte, de façon tangible, pratique et surtout personnelle, des exigences d'une structure poétique et musicale donnée: nombre de syllabes, rimes, etc.

J'ai vu, il y a quelques années, une bande vidéo d'une telle chanson créée dans le cours de Denis Mouton qui était tout à fait étonnante, non seulement en tant que chanson--c'était une personnalisation d'une chanson de Trenet--mais surtout par l'impact de cette rencontre prolongée avec une chanson poétique sur un jeune garçon qui jusque là semblait imperméable à la poésie.

Ces exercices d'adaptation ou de re-création peuvent par la suite donner lieu à des créations encore plus personnelles, par exemple la composition d'un texte original sur la musique d'une chanson que l'on connaît bien, ou bien une parodie d'une chanson ou du style d'un auteur que l'on a étudié.

Parodies

Dans le cadre d'un ensemble d'activités centrées sur la chanson française dans les lycées de Berlin, par exemple, on a proposé aux élèves de faire le portrait du Berlinois ou de la Berlinoise sur le modèle d'une chanson de Marie-Paule Belle, *La Parisienne.* Voici un des textes, intitulé *La Berlinoise*:

> Je ne suis pas un' squatter
> J'habite chez mon père
> Je ne suis pas popper ni punk ni ted
> Je suis normale, je le regrette!
> Je grossis car je ne suis pas un 'fan' de la
>   diététique
> Ça c'est triste et ça se complique!
> Je ne suis pas dans l'vent
> Parce que je n'ai pas d'argent.
> Je ne suis pas toxicomane
> Et j'ai une bonne âme
> Malgré ça, je suis une berlinoise émancipée
> bonn' vivant' et très rusée
> J'ai la plus grande gueule de Berlin
> Et je m'appelle Karin![17]

Ce n'est peut-être pas à la hauteur de *La Mauvaise Réputation* de Brassens, mais il est certain que pour la Karin en question, c'était un moment fort de son apprentissage du français et qu'elle n'est pas prête à oublier.

... ou texte original

Une autre chanson écrite par des élèves dans le cadre de ces activités chansonnières à Berlin témoigne de l'intérêt que ces jeunes ont trouvé à composer leur propre texte sur une mélodie donnée comme point de départ et à laquelle il fallait se conformer:

TROUVER UN TEXTE

Trouver un texte sur cette mélodie
pose bien d'problèmes, croyez-nous
il faut du français, faut qu'ça parle de la vie
et faut aussi que ça rime au bout.

Et nous avons discuté
Sujets comiques et sérieux
Mais toujours insatisfaits

Trouver un texte sur cette mélodie
n'est pas facile, voyez-vous
si c'est français, si ça parle de notre vie
cela ne rime plus du tout.

Finalement voilà
notre chanson résultat
Nous est venue comme ça

Trouver un texte sur cette mélodie
c'est rigolo, nous l'avons vu
C'est du français et ça parle de notre vie
Ca rime et si ça vous a plu
Applaudissez et n'hésitez pas, chers amis
Et donnez-nous le premier prix.[18]

Si par la suite, les auteurs veulent bien partager leurs chansons avec toute la classe, en les chantant et en s'accompagnant ou en se faisant accompagner par un camarade de classe, ce sera un moment très fort de communication réelle.

Commencez donc, selon vos possibilités et vos inspirations, à faire une place à la chanson dans vos cours de français. Il est tout à fait probable que vos élèves ne diront jamais que le français, "c'est toujours la même chanson"!

III. Chansons que cela? D'autres en parlent

La chanson est un arc avec la voix pour la corde, le texte pour le bois et la musique pour la flèche.

(Claude Nougaro)

La chanson? C'est un dialoque entre la note et la syllabe, qui prend forme et qui vous dit qui vous êtes.

(François Leveillée)

Son squelette: un refrain, des couplets; sa chair: une musique; son cœur: une interprétation; son esprit: un message. Un être tout entier, bien vivant qui nous devient familier... presque mieux qu'un proche. La chanson alors n'est plus délaissée ou reléguée. Insensiblement, sa "substantifique moëlle" nous a pénétrés à jamais, et *il en restera toujours quelque chose.*

(Fred Hidalgo)

Je dis que la chanson, c'est important pour la culture... parce que ça n'a pas l'air culturel.

(Léo Ferré)

Chanter, c'est un moyen d'exprimer des idées, de projeter ses passions générales ou personnelles à l'extérieur de soi.

(François Béranger)

"Je croyais écrire des poèmes, j'avais écrit des chansons", s'étonne Aragon. Rien de plus naturel. La poésie devient chanson quand elle colle à la vie. Lorsqu'elle se fait miroir des idées, des préoccupations du moment.

(Georges Moustaki)

La chanson est un moyen de communication extraordinaire; elle est plus adaptée que la poésie aussi bien à la sensibilité du public moderne qu'à une façon moderne de dire les choses.

(Didier Colin)

La poésie s'entend mieux depuis qu'on la chante.

(Pierre Seghers)

Ce qui m'intéresse dans une chanson, ou dans une peinture, c'est son pouvoir de religion, son pouvoir de relier les gens entre eux, donc de politique et non pas de pédagogie.

(Gilles Elbaz)

La chanson est le moyen le plus simple, le plus direct de communiquer et d'éduquer, surtout dans un pays où la musique nous est familière et indispensable comme respirer.

(un chanteur cubain)

Il apparaît bien que la chanson, aujourd'hui plus que jamais, s'impose comme le vecteur évident, complet, populaire et moderne d'un nouvel art de la communication.

(Lucien Nicolas)

Une belle chanson, c'est une chanson qui fait joli ménage entre les mots et la musique, le tout soutenu par une idée.

(Jacques Brel)

Je ris quand on me parle de mes poèmes me disant qu'ils peuvent être récités! Mes textes, je ne peux pas les imaginer sans leur musique. Une chanson, c'est un tout.

(Anne Sylvestre)

La musique n'est guère compromettante, mais elle trouve souvent les paroles fort embarassantes. Et elle croit souvent, la musique, que c'est elle le bateau.

(Gilles Vigneault)

La chanson est un art populaire qui parle à tous, elle sert de mot de passe entre toi et moi, nous et eux.

(Max Rongier)

La première vertu de la chanson, c'est de réunir les hommes précisément parce qu'elle leur est familière. Les hommes ayant toujours besoin de se réunir, la chanson doit être faite pour leur réunion.

(Georges Dor)

Écouter une chanson c'est partir à la rencontre d'un homme. C'est aussi apprendre à écouter pour mieux connaître. Découvrir qu'un moment très court d'attention accroît considérablement la qualité de l'émotion.

(Ibrahim)

Le destin des hommes et le destin des chansons se rencontrent, se croisent, se mêlent. Souvent c'est longtemps après leur venue qu'on sait l'importance des uns et des autres.

(Georges Coulonges)

On dit le "tour" de chant un peu comme on dit le "tour" de magie. Le chanteur devient un personnage en qui on peut reconnaître un sentiment, une joie, une idée qu'on a déjà rencontrés.

(Max Rongier)

La chanson? C'est du théâtre, un film, un roman, une idée, un slogan, un acte de foi, une danse, une fête, un deuil, un chant d'amour, une arme de combat, une denrée périssable, une compagnie, un moment de la vie. La VIE.

(Georges Moustaki)

Espèce de commentaire permanent à l'existence sous toutes ses formes, la chanson est partout chez elle.

(Boris Vian)

Notre chanson est sortie tout droit de la forêt québécoise. Elle s'est vite imposée comme parole première et souveraine. On ne se tromperait guère en affirmant que nous avons appris à parler en chantant, que nous avons connu les vertus de la parole à travers la chanson.

(Georges Dor)

Dans certains pays, il y les vignes, dans d'autres la soie, ici on avait le verbe. On a fait des chansons comme d'autres des canons, on pouvait faire un pays avec des mots.

(Félix Leclerc)

Pourquoi chanter? Parce qu'il y a tant à faire.

(Bruno Rey)

Si les mots étaient tous à sens unique, si leur signification était ferme, la poésie n'existerait pas, une partie des chansons non plus. Quelques mots prononcés et c'est un univers qui peut être créé et recréé; une farandole de mots chantés et c'est peut-être toute une société qui est décrite.

(Christian Hermelin)

Chanter est un acte affectif, cela ne s'adresse ni à la pensée ni à la réflexion. Il faut qu'elle enferme une charge émotionnelle. Le seul critère de qualité est de pouvoir déclencher un climat particulier; c'est la faculté de communiquer une émotion à travers une fusion de sons et de mots.

(Georges Moustaki)

J'aime la chanson parce qu'elle m'a aidé à vivre avec les autres.

(Pierre Seghers)

La chanson est le mode d'expression qui reproduit de la manière la plus spectaculaire et avec le plus d'exactitude le langage quotidien des hommes d'une génération et jusqu'au rythme, au souffle, à la respiration organique, aux tics, aux malformations, aux néologismes de ce language.

(Angèle Guller)

Les mots d'une chanson sont la pointe de l'iceberg. La chanson permet d'aller au-delà du concret des choses. Elle frappe l'imagination et l'imaginaire de l'homme, elle est une fenêtre qui s'ouvre pour que son cœur et son cerveau respirent un air renouvelé.

(Denis Mouton)[19]

La chanson n'est jamais qu'un moyen, le spectacle n'est qu'un moyen pour qu'il y ait des échanges qui se fassent: pour moi, rencontrer des gens; pour les gens, se réunir, pour en rencontrer d'autres, pour vibrer à d'autres choses.

Bernard Haillant)

Mon propos n'est pas de faire des chansons révolutionnaires, mais d'écrire ce qui me passe par la tête. Après, ce sont les gens qui décident. Une chanson est beaucoup plus révolutionnaire dans l'utilisation qu'en font les auditeurs et dans ce qu'elle signifie dans le cœur des gens que dans son texte même.

(Maxime LeForestier)

Il faudrait reprendre l'habitude d'écouter. À force de fonds sonores, de bouillie dans l'oreille, les gens ne savent plus écouter une chanson mot après mot. Pourtant, ce n'est pas pour rien que l'on choisit tel mot et pas un autre. Je pense que tous les mots d'une chanson méritent d'être écoutés.

(Anne Sylvestre)

L'émotion, la réflexion, le frisson que dispense la poésie ne sont plus des trésors réservés. Unie à la musique et portée par la voix, la poésie s'ouvre comme un fruit mal connu, jusqu'ici fermé sur lui-même, et destiné à un nombre réstreint d'appelés. Il n'est plus question d'initiation, mais d'évidence; la musique, la voix, les mots que l'on croyait dissociés, les voici réunis, non dans un musée mais dans la vie.

(Pierre Seghers)

IV. BIBLIOGRAPHIES

1. Ouvrages généraux sur la chanson

Q signale les livres ou articles sur la chanson québécoise
* indique des livres de base recommendés

> Pierre Barbier et France Vernillat, *Histoire de France par les chansons*, 8 volumes, Gallimard, 1956-61

> Jacques Barsamian et François Jouffa, *L'Age d'or du rock and roll*, Ramsay, 1980

> Jacques Barsamian et François Jouffa, *L'Age d'or du yé-yé*, Ramsay, 1983

Q Alain Baudot, *La Chanson québécoise: Documentation sélective*, Département d'Etudes pluridisciplinaires, Collège Glendon, Université York, Toronto, 1980

> Alain Baudot, *Petit Répertoire pour une initiation à la chanson de langue française*, Université York, Toronto,1981

Q Monique Bernard, *Auteurs-compositeurs*, Éd. Agence de Presse artistique, collection "Ceux de chez nous", Montréal, 1969

> Yvonne Bernard, «La Chanson, phénomène social», *Revue française de sociologie* 5, 2 (avril-juin 1964), 166-172

* Jacques Bertin, *Chante toujours, tu m'intéresses*, Éd. du Seuil, 1981

Pierre Brochon, *La Chanson française*, vol. 1: Béranger et son temps ; vol. 2: Le Pamphlet du pauvre, Éd. Sociales, 1956

* Chantal Brunschwig, Louis-Jean Calvet et Jean-Claude Klein, *100 ans de chansons françaises*, Seuil, 1972; réédité en collection de poche, 1981

* Louis-Jean Calvet, *Chanson et société*, Payot, 1981

Louis-Jean Calvet, *La Chanson française aujourd'hui*, Hachette 1974

Lucienne Cantaloub-Ferrieu, *Chanson et poésie des années 30 aux années 60: Trenet, Brassens, Ferré... ou les "enfants naturels" du surréalisme*, Nizet, 1981

Q Maurice Carrier et Monique Vacon, *Chansons politiques du Québec*, Leméac, Montréal, 1979

«La Chanson», *Les Cahiers de l'animation musicale* 25 (1983)

«Chanson, disque, radio» *Mass Média* 2, Bloud et Gay, Tournai, 1966

«Chanson et société: 1789-1914», *Textes et Documents pour la classe* 126 (7 mars 1974)

«Chansons et disques», *Communications* 6, École pratique des hautes études, Centre des Études des communications de masse, 1965

«Des Chansons, des idoles» *Échanges* 69 (décembre 1964)

F. Chenot et al., *Brel! et après?: 33 détours et autres dans la chanson de la communauté française de Belgique*, Éd. Labor, Bruxelles, 1984

Commission Française de la Culture de l'Agglomération de Bruxelles, Colloque international sur la chanson de langue française, Bruxelles, Maison de la Francité, 1980

Normand Cormier, et al., *La Chanson au Québec, 1965-1975*, Montréal, Bibliothèque nationale du Québec, 1975

Georges Coulonges, *La Chanson en son temps, de Béranger au juke-box*, Éd. Français Réunis, 1969

«Les Courants de la chanson française (I): du folklore à la chanson», *Textes et Documents pour la classe* 298 (5 janvier 1983)

«Les Courants de la chanson française (II): de la chanson aux variétés», *Textes et Doucuments pour la classe* 308 (16 mars 1983)

Serge Dillaz, *La Chanson française de contestation: des barricades de la Commune à celles de mai 1968*, Seghers, 1973

«Dossier chanson: la chanson moderne, une tribune libre; de la chanson à la poésie; petite discographie de la chanson québécoise», *Québec français* 33 (mars 1980), 29-36

«Dossier: La Chanson française», *Record*, nouvelle série 9 (15 juin 1977), 2-16

A.-M. Duverny et O. d'Horrer, *Mémoire de la chanson française*, Éd. Musique et Promotion, 1980

Bernard Epin & M. Rongier, *Profession chanteur*, La Farandole, 1977

Guy Erisman, *Histoire de la chanson*, Hermès, 1967

André Gaulin, «Un pays qui chante», dans *Guide culturel du Québec*, supplément à *Québec français* 33 (mars 1980), 6-9

André Gauthier, *Les Chansons de notre histoire*, Pierre Waleffe, 1967

* Angèle Guller, *Le 9e art, la chanson française contemporaine*, Nouvelles Éd. Vokaer, Bruxelles, 1978

André Halimi, *On connaît la chanson*, La Table Ronde, 1959

Christian Hermelin, *Ces Chanteurs que l'on dit poètes*, L'École des Loisirs, 1970

Q Christian Larsen, *Chansonniers du Québec*, Montréal, Éd. Beauchemin, 1964

Q Benoit L'Herbier, *La Chanson québécoise, des origines à nos jours*, Éd. de l'Homme, Montréal, 1974

Q Michèle Maille, *Blow up des grands de la chanson au Québec*, Éd. de l'Homme, Montréal, 1969

Edmond Marc, *La Chanson française*, Hatier, 1972

Claude Marcheix, «Aujourd'hui... La Chanson», *Tendances* 37 (octobre 1965), 465-488

Jacques Marny, *La Chanson et ses vedettes*, Éd. du Centurion, 1965

Média et chanson d'expression française de Belgique, Diffusion Alternative, Bruxelles, 1984

*Q Guy Millière, *Québec: chant des possibles...*, "Rock & Folk," Albin Michel, 1978

Georges Moustaki, *Questions à la chanson*, Stock, 1973

Guy A. Navarro, «La Musique acadienne: Coup d'œil sur le 'Sud de la Louisiane'», *AATF National Bulletin* 3,3 (January 1978), 8-9

* Lucien Nicolas, *Chanson vivante*, Éd. de l'Aravcaria, *Paroles et Musique*, 1984

Q Pascal Normand, *La Chanson québécoise: miroir d'un peuple*, France-Amérique, Montréal, 1981

*Q Bruno Roy, *Panorama de la chanson au Québec*, Leméac, Montréal, 1977

*Q Bruno Roy, *Et cette Amérique chante en québécois*, Leméac, Montréal, 1978

Q Raoul Roy, *Le Chant de l'alouette*, Les Presses de l'Université Laval et Ici Radio Canada, Québec, 1969

Pierre Saka, *La Chanson française des origines à nos jours*, Fernand Nathan, 1980

André Sallée, Philippe Chauveau, *Music-Hall et café-concert*, Éd. Bordas, 1985

Pascal Sevran, *Le Music Hall français, de Mayol à Julien Clerc*, Olivier Orban, 1978

Anne de Suremain, «La Chanson poétique», *Études* (mai 1967), 665-673

Brian Thompson, «...Chansons que cela...», *Études* (juillet-août 1983), 63-70

Q Roger Tremblay et Kovik, *Visages de la chanson québécoise*, C.E.C., 1976

* Jacques Vassal, *Français si vous chantiez*, "Rock & Folk," Albin Michel, 1976

Q Stéphane Venne, «La Chanson d'ici», *Parti pris* II,5 (janvier 1965), 63-71

France Vernillat et Jacques Charpentreau, *Dictionnaire de la chanson française*, Larousse, 1968

France Vernillat et Jacques Charpentreau, *La Chanson française*, collection "Que sais-je?", Presses Universitaires de France, 1971

Boris Vian, *En avant la zizique*, 10-18, 1971

Christian Victor et Julien Regoli, *Vingt Ans de rock français*, "Rock & Folk," Albin Michel, 1978

Jacques Yvart et Michel Marionnet, *Florilège de la chanson de mer*, Éd. Maritime et d'Outre-Mer, 1980

2. Études spécialisées sur certains auteurs

*   Les Éditions Seghers publie une collection "Poésie et
    chansons" qui compte plus de 40 volumes portant sur des
    auteurs-compositeurs-interprètes tels que Charles Aznavour,
    Guy Béart, Julos Beaucarne, Gilbert Bécaud, François
    Béranger, Georges Brassens, Jacques Brel, Robert Charlebois
    [Q], Julien Clerc, Leny Escudero, Léo Ferré, Serge
    Gainsbourg, Pauline Julien [Q], Félix Leclerc [Q], Maxime
    LeForestier, Francis Lemarque, Hélène Martin, Mouloudji,
    Georges Moustaki, Claude Nougaro, Pierre Perret, Édith Piaf,
    Yves Simon, Charles Trenet, Gilles Vigneault [Q]... Chaque
    volume comporte une introduction de 40 ou 50 pages, une
    sélection importante de textes de chansons, et une
    discographie. Il y a de plus en plus d'autres livres sur des
    poètes-chanteurs:

    Dominique Arban, *Cent pages avec Brel*, Seghers, 1967

Q François-Régis Barbry, *Passer l'hiver, interview de Gilles
   Vigneault*, Le Centurion,1978

   Michel Beaufils, *Brassens, poète traditionnel*, Imbert-Nicolas,
   1976

   Geneviève Beauvarlet, *Trenet*, Bréa Éditions

   Pierre Berruer, *Georges Brassens: La marguerite et le
   chrysanthème*, Presses de la Cité, 1981

   Pierre Berruer, *Jacques Brel va bien, il dort aux Marquises*,
   Presses de la Cité, 1983

   Jean-Michel Brial, *Georges Brassens*, PAC Éditions, 1981

Q Jacqueline Boucher, *Jean-Pierre Ferland jaune ou...*, Le
   Carrefour, Ottawa, 1971

Q Yves-Gabriel Brunet, et al., *Raoul Duguay ou: le poète à la
   voix d'o*, Éd. de l'Univers, l'Aurore, Montréal, 1979

   Richard Cannavo, *La Ballade de Charles Trenet: "La France
   en liberté"*, Robert Laffont, 1984

Q Roland-M. Charland et Jean-Noël Samson, *Félix Leclerc*, Éd. Fidès, Montréal, 1967

Jacques Charpentreau, *Georges Brassens et la poésie quotidienne de la chanson*, Éd. du Cerf, 1960

Philippe Chatel, *Brassens*, Éd. St.-Germain-des-Prés, 1972; réédité, corrigé, Éd. du Cherche-midi, 1980

Q «Dossier: Félix Leclerc», *Québec français* 33 (mars 1979), 37-44

Q «Dossier: Gilles Vigneault», *Québec français* 37 (mars 1980), 37-44

Q Bruno Dostie, et al., *Séguin*, Éd. de l'Aurore, collection "Les Gens de mon Pays," Montréal, 1977

Q Jean V. Dufresne, *Yvon Deschamps*, Presses de l'Université du Québec, Montréal, 1971

René Fallet, *Brassens*, Éd. Denoël, 1967, 1976

Q Roger Fournier, *Gilles Vigneault, mon ami*, Éd. La Presse, 1972

Q Marc Gagné, *Gilles Vigneault: Bibliographie descriptive et critique, discographie, filmographie, iconographie, chronologie*, Les Presses de l'Université Laval, Québec, 1978

Q Marc Gagné, *Propos de Gilles Vigneault*, Nouvelles Éd. de l'Arc, Montréal, 1974

Q Claude Gagnon, *Robert Charlebois déchiffré*, Éd. Leméac, Montréal, 1974

Serge Gainsbourg, *Au pays des Malices*, Éd. Le temps singulier, Nantes, 1980

Linda Hantrais, *Le Vocabulaire de G. Brassens*, 2 vol., Éd. Klincksieck, 1976

Bruno Hongre et Paul Lidsky, *Jacques Brel: Chansons*, coll. "Profil d'une œuvre," Hatier, 1976

Instantanés d'Yves Simon, collectif, Dargaud Éditeur, 1982

Claude Klotz, *Michel Sardou*, Albin Michel, 1985

Christian Laborde, *Claude Nougaro: L'homme aux semelles de swing*, Éd. Privat, Toulouse, 1984

André Larue, *Brassens ou la mauvaise herbe*, Éd. Fayard, 1970

Jean-Claude Le Pennec, *L'Univers poétique de Félix Leclerc*, Éd. Fidès, Ottawa, 1967

Q Benoit L'Herbier, *Charlebois, qui es-tu?*, Éd. de l'Homme, 1971

Nicole Ligney et Cécile Abdessalam, *Brassens*, Bréa Éditions

Jacques Lorcey et Joelle Monserrat, *Jacques Brel*, PAC

Marie-Thérèse Mutin, *Le Mal à vivre: Ribeiro et Baudelaire*, AREDOC, Cessey s/s Tille

Christophe Nick, *Téléphone*, «Rock & Folk», Albin Michel, 1984

Q Hélène Rabicot et al., *Diane Dufresne*, Éd. de l'Aurore, Montréal, collection "Les Gens de mon Pays," 1976

Q Aline Robetaille, *Gilles Vigneault*, Éd. de l'Hexagone, Montréal, 1968

Lucienne Schlernitzauer, *La Chanson de Jacques Bertin*, ADDIM-Drome, Valence, 1985

Q Fernand Seguin, *Le Sel de la semaine (Gilles Vigneault)*, Éd. de l'Homme, Montréal, 1969

André Sève, *Georges Brassens: "Toute une vie pour la chanson"*, "Les Interviews", Éd. du Centurion, 1975

Q Jean-Paul Sylvain, *Félix Leclerc*, Éd. de l'Homme, Montréal, 1968

Anne Sylvestre, *Pour de vrai: Entretiens avec Monique Detry*, "Les Interviews," Éd. du Centurion, 1981

André Tillieu, *Georges Brassens auprès de son arbre*, Julliard, 1983

Olivier Todd, *Jacques Brel: une vie*, Robert Laffont, 1984

3. L'Utilisation pédagogique de la chanson

Jayne Halsne Abrate, «Pedagogical Applications of the French Popular Song in the Foreign Language Classroom», *Modern Language Journal* 67, 1 (1983), 8-12

P. Angeloni et al., «La canzone nell'insegnamente della lingua stranieri», *Lingua e nuova didattica* 5,5 (novembre 1976), 19-22

* *Apprécier la chanson*, dossier no. 84, Centre international d'études pédagogiques de Sèvres (décembre 1976)

* «À travers chants», dossier spécial, *Le Français dans le monde* 131 (août-septembre, 1977)

Michel Barlow, «Jeux et langage: Histoire à forme géométrique», *La Nouvelle Revue Pédagogique* 8 (mai 1969), 23-24

Michel Barlow, «Trésors de la chanson populaire: l'art d'être grand-père», *La Nouvelle Revue Pédagogique* 4 (janvier 1980), 25-26

Michel Barlow, «Trésors de la chanson populaire: Georges Brassens: les fables pour aujourd'hui», *La Nouvelle Revue Pédagogique* 3 (décembre 1979), 25-26

Michel Barlow, «Trésors de la chanson populaire: L'ombre de Jacques Brel», *La Nouvelle Revue Pédagogique* 5 (février 1980), 25-26

Michel Barlow, «Trésors de la chanson populaire: Pierre Perret», tendresse et argot», *La Nouvelle Revue Pédagogique* 2 (novembre 1979), 25-26

Leci Borges Barbisan, «La chanson dans la classe de langue», *Courrier* (Revue de l'association des professeurs de français du Rio Grande del Sul, Porto Alegre), no. 1 (juillet 1980), 37-45

N. Becker, «Möglichkeiten der unterrichtlichen Verwendung von französischen Chansons», *Zielsprache Französisch* 4 (1982), 159-173

Michaela Bobasch, «Dialogue en chanson», *L'Education* 435 (13 novembre 1980), 8-11

Robert Boudet et al., «Enfance et adolescence dans la chanson», *École des lettres*, 1er cycle, (1979-1980), no. 9 (23-30), no. 10 (31-40), et no. 11 (31-39)

Robert Boudet et al., «Étude d'un thème: la chanson engagé», *L'École des lettres*, 1er cycle, (1981-1982), no. 9 (33-42) et no. 10 (25-32)

Robert Boudet et al., «Le Voyage. L'expérience du monde, de l'espace; l'aventure intérieure», *L'École des lettres*, 1er cycle, no. 14 (1979-80), 41-49

Joël Boudou et Andreu Rigo Isern, «Chanson et classe de langue: état des lieux», *Le Français dans le monde* 184 (avril 1984), 31-33

B. Braem, «L'Enseignement du français par le chant au jardin d'enfants», *Le Français dans le monde* 131 (août-septembre 1977), 23-27

James W. Brown, «For a Pedagogy of the Song-Poem», *French Review* 49,1 (1975), 23-31

Bureau pédagogique de Djakarta, Sélection de chansons françaises. Dossier pédagogique à l'usage des professeurs d'Indonésie, Bureau pour les affaires pédagogiques, Djakarta, 1979

Anne Bustarret, «Chansons de femmes», *L'École des parents* 5 (1978), 42-47

Louis-Jean Calvet, «À comme... À vélo», *Le Français dans le monde* 119 (février-mars 1976), 45-46

Louis-Jean Calvet, *La Chanson dans la classe de francais langue étrangère*, Clé international, 1980

Louis-Jean Calvet, «La Chanson: quelle stratégie?», *Le Français dans le monde* 144 (avril 1979), 66-67

Louis-Jean Calvet et al., «Guide alphabétique des professeurs-utilisateurs de chansons», *Le Français dans le monde* 131 (août-septembre 1977), 47-51

Louis-Jean Calvet et al., «Langue française et chanson», *Le Français dans le monde* 131 (août-septembre 1977), 13-17

E. Canabal et al., *La chanson et son époque*, BELC, 1982

Jean-Marc Caré et al., «Manipulations de textes de chansons: illustrations de quelques principes», *Le Français dans le monde* 184 (avril 1984), 57-60

Cavilam Vichy, Utilisation pédagogique de quelques chansons françaises, Cavilam Vichy, 1980, doc. no. 14

Lucette Chambard, «Le Français par la chanson», dans *Chanter en français*, Les Amis de Sèvres 99, (septembre 1980), 37-61

Lucette Chambard, «Vedettes de la chanson» (dossier), *Le Français dans le monde* 125 (novembre-décembre 1976), 62-70

Alain Chamberlain, «Modern French Music and Language Teaching», *Babel: Journal of the Australian Federation* 10, 3 (October 1974), 15-18

Alain Chamberlain, «Stratégie pour une étude de la chanson française», *Le Français dans le monde* 131 (août- septembre 1977), 28-32

«La Chanson», *Bulletin de l'association des professeurs de français du Portugal* 15 (1979)

* *La Chanson aujourd'hui: mythes et images du temps présent*, Centre international d'études pédagogiques de Sèvres, avril 1984

«La Chanson en classe de langue: Enseignement du français, langue étrangère», *L'École libératrice* 17 (2 février 1978), 759

«La Chanson d'expression française et les professeurs américains de français», enquête menée par l'Association Échanges Musicaux Francophones, 26.12.75-15.3.76

«La Chanson française», *Tous azimuts* 8, Roskilde Universitetscenter [Danemark], Bulletin du BAL de Copenhague, 1982

*   *La Chanson moderne en France, son utilisation pédagogique,* Centre International d'Etudes pédagogiques, Sèvres, dossier 27 (juin 1967)

    Des Chansons pour mieux parler. Jeux phonologiques sous la direction de L. Bergeret, Bordas, 1976

*   *Chanter en français,* Les Amis de Sèvres 99,3 (septembre 1980), Centre international d'études pédagogiques de Sèvres

    Jacques Charpentreau, «La Fête dans la chanson», *École ouverte sur le monde* 47 (décembre 1977), 48-50

    Alain Chaudron, «Utilisation de la chanson dans la classe de français», *Rencontres* (1972), 99-102

    Jean-Paul Couchoud, «Pour la chanson française», *Le Français dans le monde* 56 (avril-mai 1968), 8-11

    Robert Damoiseau et Edmond Marc, «La Chanson moderne, étude de civilisation et de langue», *Le Français dans le monde* 47 (mars 1967), 40-44

    Robert Damoiseau et al., «Des Chansons au cours de français», dans *Chanter en français,* Les Amis de Sèvres 99,3 (septembre 1980), 62-75

    Jacques Delière et Robert Lafayette, «La Clef des chants: thèmes culturels et techniques pédagogiques pour l'enseignement de la civilisation par la chanson», *French Review* 58, 3 (February 1985), 411-425

    Bernard Delvaille, *Paris, ses poètes, ses chansons,* Éd. Laffont, 1980

    «Documents authentiques: sources, collecte, production. La chanson en classe de français», *Une lettre de la FIPF* (Fédération Internationale des Professeurs de Français) 4 (décembre 1979), 5-8

    S. Dupré-Latour, «Aspects motivationnels et contenu linguistique de la chanson française en méthodologie du FLE», mémoire de maîtrise, Sorbonne Nouvelle, 1973

    Jacqueline C. Elliott, «Poésies et chansons françaises: base pour l'étude de la langue et de la civilisation», *French Review* 50,3 (February 1977), 400-411

«Exploitation d'une chanson en Form 5», *Zambia French Bulletin* 7 (1979), 40-41

«Exploitation d'une chanson: 'On ne voit pas le temps passer' de Jean Ferrat», *Parlons français* 12 (décembre 1977)

André Gaulin et J.-Noël Pontbriand, «Dossier spécial sur la chanson», *Québec français* 29 (mars 1978)

Manuel Gelman, «Poetry and Songs in the Teaching of Languages», *Babel: Journal of the Australian Federation* 9,1 (April 1973), 13-15

Suzanne de Grandmont, «Problèmes de traduction dans le domaine de la poésie chantée», *Méta* 23,1 (mars 1978), 97-108

Béatrice Grange, «Des Images de femmes à travers des chansons», *Radio Télévision Scolaire*, 1er cycle, no. 3 (1974-75), 5-7

François Harquel, «À Cœur joie: Le chant choral moyen de culture et de diffusion de la langue française», dans *Chantez en français*, Les Amis de Sèvres 99,3 (septembre 1980), 126-130

Bruno Hongre, «A comme... adolescence et chanson», *Le Français dans le monde*, 131 (août-septembre 1977), 41-42

A. Ibrahim, «Les Professeurs face à la chanson», *Le Français dans le monde* 131 (août-septembre 1977), 33-46

Maurice Jonas, «Une Planche de salut pour le français: le français quotidien et les niveaux de langue», *French Review* 51, 2 (December 1977), 180-187

E. Jung, «À propos d'une double chanson de Reinhard Mey en langue allemande, en langue française», *Zielsprache Französisch* 2 (1982), 53-58

Alain Lafarge et Robert Boudet, «Étude d'un thème: images de femme. La femme à travers la chanson», *L'École des lettres*, 1er cycle, no. 9 (1er février 1979), 37-46

R. Larrat et C. Risolo, «Utilisation pédagogique de la chanson en classe de langue», *Échanges* 3 [Buenos Aires] (juillet 1975), 19-23

Robert et Marie-Thérèse Lebourhis et al., «'Ils sont aussi poètes et musiciens' », dans *Chanter en français*, Les Amis de Sèvres 99,3 (septembre 1980), 76-104

F. Leclercq, «A... comme auteur éventuel de chansons», *Le Français dans le monde* 131 (août-septembre 1977), 37-38

William D. Leith, «Advanced French Conversation through Popular Music», *French Review* 52 (1979), 537-551

Frank Lestringant, «Québec, Blues and Co. Autour de quelques chansons françaises d'Amérique», *La Nouvelle Revue Pédagogique* 6 (mars 1979), 19-22

Anita Licari, «Bien faite pour apprendre... la chanson», *Le Français dans le monde* 184 (avril 1984), 34-37

Anita Licari, *Forme d'ascolto e d'interpretazione nella moderna canzone francese*, Éd. CLVEB, Bologna, 1983

Yves Lucas, «Les vieux », *L'École des lettres*, 1er cycle, no. 11 (1980-1981), 25-32

J.J. Magraner, «Approches globales d'une chanson», *Parenthèses* 1 [New Delhi] (1981), 1-4

B. Mandeville, «À propos de... la chanson», *Bulletin de l'Alliance Française* 2 [Lisbonne, s.d.], 11-19

Renée Mayoud Visconti, *Les aujourd'hui qui chantent: inventer des chansons avec les enfants*, Éd. du Centurion

Richard J. Melpignano, «A Different Use for French Songs in the Classroom», *Foreign Language Annals* 13, 6 (December 1980), 455-457

Albane Mery, «Étude d'un thème: la chanson»,*La Nouvelle Revue Pédagogique* 6 (mars 1982), 25-28

Judith A. Muyskens, «Using Song to Stimulate Language Practice in the French Language Classroom: A Study of Brel, Moustaki, and Sylvestre», *AATF National Bulletin* 10, 3 (January 1985), 14-16

Odile Naudin, «Chansons de femmes», *Documents Service Adolescence* 31 (novembre 1979), 28-29

Jeanne Ogée, «La Création chez les jeunes», *Chantez en français*, Les Amis de Sèvres 99,3 (septembre 1980), 105-125

M. Papa, «Esperienze in classe: la canzone», *Lingua e nuova didattica* 7,3 (junio1978), 17-23

P. Pichard, et al., «Le Rire en chanson», *L'École des lettres*, 1er cycle, (1981-82), no. 11 (31-40) et no. 12 (27-38)

Roger Pilhion et al., «Quand Berlin chante en français: Une expérience de promotion linguistique», *Le Français dans le monde* 184 (avril 1984), 60-70

Christopher Pinet, «The Image of the French in the Songs of Georges Brassens», *Contemporary French Civilization* 6 (1982), 271-294

Brent A. Pitts, «Le Rock rétro dans la classe de français», *AATF National Bulletin* 10,4 (April 1985), 13

A. M. Portail et al., «Dix Explorations de chansons», *Vers une pédagogie moderne* 7 [Montevideo] (janvier 1975), 55-150

Claude de Quatrebarbes, «La Chanson moderne pour les élèves de 13 à 17 ans», *Le Français dans le monde* 51 (janvier-février 1968), 53-54

G. Rocherieux, «Prendre une chanson par la main», *Chemin actuel* (Bulletin de l'Association des professeurs de Français du Mexique) 18 (1981), 22-25

Françoise Tétu de Labsade, «Initiation à la culture québécoise par la chanson», *Le Français dans le monde* 131 (août-septembre 1977), 18-22

Brian Thompson, «La Chanson: comment se renseigner», *AATF National Bulletin* 9, 1 (September 1983), 10

Brian Thompson, «La Chanson: une arme subversive pour une pédagogie moderne», *Chanson* (septembre-octobre 1976)

«Utilisation de la chanson moderne en classe», Français 2000 90 (septembre 1977), 10-1

Dale Whiteside, «French Songs, Past and Present: Mini-Lesson in Culture», *Revue de Louisiane* I,1 (été 1972), 107-113

Geneviève Zarate, «Parlons musique et sons, ou notes à la portée... de tous», *Le Français dans le monde* 184 (avril 1984), 38-56

Geneviève Zarate, «Sensibilisation à une écoute de la chanson», in *Chansons et poésies: Brassens, Gréco, Montand, Mouloudji chantent les poètes*, Hachette et Ministère des Relations Extérieures, 1982, 66-79

Meguido Zola et Joachim Sandvoss, «Song in Second-Language Teaching: The Use of Imagery», *The Canadian Modern Language Review* 33, 1 (octobre 1976), 73-85

4. Revues pédagogiques

Certaines revues pédagogiques donnent une place importante à la chanson, témoin les articles et numéros spéciaux déjà indiqués dans la bibliographie. Ainsi *Le Français dans le monde* a assez régulièrement une rubrique "Chanson", et *La Nouvelle Revue Pédagogique* une rubrique intitulée "Trésors de la chanson populaire". De plus, les "études de thèmes" dans *L'École des lettres* s'appuient assez souvent sur des chansons. *Paroles et Musique* (ci-dessous) publie assez régulièrement une rubrique "Autour d'un thème", regroupant une dizaine de chansons.

5. Revues spécialisées

A. *Paroles et Musique* est un excellent mensuel publié en France qui traite de tout ce qui concerne la chanson--surtout la chanson française, mais touchant aussi à la chanson américaine, canadienne, chilienne, argentine, brésilienne, etc. *Paroles et Musique* publie 10 numéros par an, dont un numéro double en été. Chaque numéro comprend un dossier central sur un auteur-compositeur, ainsi que des articles, un editorial, des critiques de disques récents, des interviews, un calendrier de spectacles. *Paroles et Musique* est le meilleur outil pour se mettre et se tenir au courant de tout ce qui touche à la chanson: écrire à *Paroles et Musique*, Herville, Chataincourt, 28270 Brezolles FRANCE.

Certains numéros ont dû être réédités pour répondre à la demande croissante de documentation de qualité sur la chanson. Les numéros encore disponibles (en février 1986):

3 HENRI TACHAN, Gilles Vigneault et Julos Beaucarne en scène, Catherine Ribeiro, Jacques Yvart...

7 JEAN FERRAT, Jacques Higelin en scène, Christine Authier, Isabel et Angel Parra, Guy Bedos...

15 FRANCIS BEBEY, Jean Sommer, Georges Brassens et Christine Sèvres, Littérature et Chanson: Les Rencontres de Blois, Madagascar: Lolo Sy Ny Tariny...

25 MICHEL JONASZ, Marc Ogeret, Country Joe McDonald, Yvette Théraulaz...

26 WOODY GUTHRIE, Marie-Paule Belle, Jacques Serizier, Échos de Finlande...

27 ALAN STIVELL, Isabelle Mayereau, La chanson antillaise, Aragon: un chanteur...

28 GUY BÉART, Sapho, Boulat Okoudjava (chanson soviétique), Jean Moiziard...

29 CHARLÉLIE COUTURE, Melaine Favennec, Claude Fonfrède et Dominique Becker, Jean-Max Brua...

30 CHANSON ET ARGENT (1. La production phonographique), Bernard Haillant, Lucien Francœur...

31 (double) ÉDITH PIAF, Mannick, le 7e Printemps de Bourges, les centres régionaux de la chanson, Bruce Springsteen...

33 LEONARD COHEN, Gilles Elbaz, "Les temps difficiles" de Léo Ferré, Paco Ibañez, Alain Moisan...

34 GÉRARD MANSET, Angélique Ionatos, Henri Tachan, Les cimes en chanson de la Sainte-Baume...

35 SERGE GAINSBOURG, Djurdjura, Francesca Solleville...

36 FONT ET VAL, Leny Escudero, Bob Dylan, Comment mettre un texte en musique (2), l'Irak de Fawzi Al-Aiedy, Brigitte Sauvane...

37 PIERRE PERRET, Raoul Duguay, Maria del Mar Bonet (Méditerranée)...

38 FÉLIX LECLERC, Blanchard, Quilapayun, Culture et business au Midem 84...

39 FRANCIS CABREL, Graeme Allwright, Christiane Stefanski, Eugène Pottier, Jacques Canetti...

40 LE BRÉSIL, Jack Treese, Antoine Candelas, Michel Lancelot...

41 (double) GEORGES BRASSENS, Karim Kacel, le 8e Printemps de Bourges, Brenda Wootten, Pierre Delorme...

42 ROCK D'EN FRANCE, William Sheller, Tom Novembre, Les Journées Internationales Georges Brassens de Sète...

43 LES FESTIVALS DE L'ÉTÉ ("Brésils" à Nice, Uzeste, Québec, Spa, Nyon, Lorient, Kertalg), Mama Béa, Léo Ferré, Serge Reggiani...

44 CLAUDE NOUGARO, Antoine Tomé, Gérard Manset...

45 YVES SIMON, Bernard Lavilliers, Jacques Bertin: journal d'un chanteur...

46 BARBARA, Paul Personne, Yves Simon romancier, Manuelle Campos...

47 CATHERINE LARA, David MacNeil, Xavier Lacouture, Leonard Cohen, Madou Trossat...

48 YVES MONTAND, Toure Kunda, Armande Altai, Afrique: la relève (avec Manu Dibango), André Payron...

49 JULIEN CLERC, Étienne Daho, Pauline Julien, Elliott Murphy, Vincent Absil, 300 pour Féla...

50 Spécial Printemps de Bourges: BASHUNG, Areski et Fontaine, Paolo Conte, Alain Dubois, Folk 85...

51 (double) LEO FERRÉ, Louis Arti, Allain Leprest, Ganja, Oum Kalthoum, Jack Lang: le bilan, La galaxie hip-hop...

52 JACQUES HIGELIN, Serge Gainsbourg, Bruce Springsteen, Danielle Messia, Menudo, Brésil, Lluis Llach, Les festivals de l'été...

53 HUBERT-FÉLIX THIÉFAINE, Henri Salvador, Renaud à Moscou, l'interview inédite de Jacques Brel, Morice Bénin...

54 GILLES VIGNEAULT, Véronique Sanson, Jean Ferrat, Eugène Bizeau, Claude Maurane, Jean-Claude Berliocchi...

55 JEAN-JACQUES GOLDMAN, Jean-Louis Mahjun, Cora Vaucaire, Jean-Roger Caussimon, Gilbert Laffaille, Youssou N'Dour et Mory Kanté, Hugo...

56 GUY BEDOS, Daniel Lavoie, Tom Waits, Michel Arbatz, Dominique Mac Avoy et Claude Astier, Alain Renard...

57 EDDY MITCHELL, Josée Moonens, Bruno Ruiz, Castelhémis, Jacques Poustis...

En plus de ces numéros, *Paroles et Musique* commence à sortir leurs excellents dossiers sur des artistes individuels dans des "numéros hors série," dont le premier comprend Lalanne, Higelin, Lavilliers and Renaud.

B. *Chanteurs, vos papiers*, trimestriel, dont Brassens (60 pages, décembre 1983) and Ferré (82 pages, mars 1984): 12, rue le Sergeant, 62500 St.-Omer, France.

C. *Une Autre Chanson*, trimestriel. Abonnement annuel de quatre numéros: écrire à Albert Faust, 37 avenue Général Dumonceau, 1190 BRUXELLES, Belgique.

D. *VIBRATIONS*: Revue d'études de musiques populaires (Éd. Privat, Toulouse). Numéro 1, sur des musiques métissées, 98FF.

6. Matériaux pédagogiques

A. *Musique du Québec*, une série de 6 disques avec des versions instrumentales d'une centaine de chansons québécoises, publié par K.D. Musique, L'Editeur officiel du Québec et Radio-Canada international.

B. Norbert Becker et Volkhard Heinrichs, *La Chanson française: Paroles et musiques*, Düsseldorf, Bagel, 1985. Conçu pour être utilisé en classe, ce livre comprend une série de chansons portant sur la chanson elle-même, le showbusiness, le métier, accompagnées d'extraits de livres et d'articles sur la chanson et des exercices d'exploitation pédagogiques en français et en allemand. Une deuxième partie comprend des chansons traitant des autres média. Le tout est accompagné d'une cassette des chansons.

C. *Chansons et Poésies: Brassens, Gréco, Montand, Mouloudji chantent les poètes*, une série de quatre cassettes accompagnée d'un livret comportant les textes et partitions des chansons ainsi que deux articles: "Regards sur la chanson poétique en France," de Luc Bérimont, et "Sensibilisation à une écoute de la chanson: proposition pour la classe," de Geneviève Zarate. Productions Sonores Hachette et le Ministère des Relations Extérieures, 1982.

7. Textes de chansons

Certains albums comprennent toutes les paroles des chansons, soit
sur la pochette, soit à l'intérieur, ce qui en rend l'utilisation en
classe bien plus facile. Pour d'autres albums, il y a parfois des
alternatives à la transciption laborieuse des paroles, transcription
qui est également parfois bien problématique:

A. La série Poésie et Chansons chez Seghers dont chaque
volume comprend une bonne sélection de textes.

B. Un certain nombres d'auteurs-compositeurs ont sorti ce
qu'on appelle, en bon français, des "songbooks," donnant les
paroles et la musique d'un certain nombre de chansons, soit
celles d'un album spécifique--par exemple, chacun des
albums de Maxime LeForestier--, soit un plus grand nombre,
par exemples 40 chansons du même Maxime LeForestier, aux
Éditions de Misère.

C. Pour certains des "classiques" comme Brel, Béart and
Brassens, il y a des volumes qui comportent les textes de
toutes leurs chansons éditées, avec ou sans les partitions
musicales:

Guy Béart: ses poèmes et chansons classiques, Éd. Nathan,
1976

*Couleurs et colères du temps: l'intégrale des poèmes et
chansons de Guy Béart*, Éd. Seghers, 1976

Georges Brassens, *Poèmes et chansons*, Éditions Musicales,
1973

Voyez aussi:

Q Angèle Arseneault, *Première*, Leméac, 1975

Q Beau Dommage, *Beau Dommage*, vol. I, Éd. Bonté divine,
Montréal, 1976

Jacques Bertin, *Poèmes et chansons,* 1968-1978, Le Cherche-
Midi, 1981

Q   Clémence Desrochers, *Sur un radeau d'enfants*, Éd. Leméac, Ottawa, collection "Mon pays, mes chansons", 1969

Q   Clémence Desrochers, *La grosse tête*, Leméac, Montréal, collection "Mon pays, mes chansons", 1973

Q   Georges D'Or, *Poèmes et chansons I*, Éd. L'Hexagone, Montréal, 1968

Q   Georges D'Or, *Poèmes et chansons II, III*, Éd. Leméac et L'Hexagone, Montréal, 1971, 1972

Q   Georges D'Or, *Si tu savais...*, Éd. de l'Homme, Montréal, 1973

Q   Jean-Pierre Ferland, *Chansons*, Éd. Leméac, Montréal, 1969

Léo Ferré, *25 Chansons de Léo Ferré, de "Saint Germain des Prés" à "Avec le temps"* , Société des Éditions Musicales Internationales

Q   Claude Gauthier, *Le plus beau voyage*, Ottawa, Éd. Leméac, 1975

Q   Félix Leclerc, *Cent chansons*, Fidès, 1970

Q   Félix Leclerc, *Félix Leclerc*, Éd. Chappell, Paris

Q   Sylvain Lelièvre, *Chansons*, Sillery, Éd. de l'Arc, Montréal, 1969

Q   Claude Leveillée, *L'Etoile d'Amérique*, Éd. Leméac, Ottawa, 1971

Renaud, *Renaud sans Zikmu*, Éd. champ libre, 1980

Henri Tachan, *Les Chansons de Tachan*, vol. 1-4 [separément ou en coffret], illustrées par Wolinski, Cabu, et al., Dargaud Éd., 1985

Q   Gilles Vigneault, *Avec les vieux mots*, 1965; *Quand les bateaux s'en vont*, 1965; *Tam di delam*, 1967; *Les gens de mon pays*, 1967; *Ce que je dis c'est en passant*, 1970, *Les neuf couplets*, 1973; *Je vous entends rêver*, 1974, Nouvelles Éditions de l'Arc, Montréal

Q   Gilles Vigneault, *Gilles Vigneault*, Paris, Sibécar, 1974

D. Il y a une série de six volumes intitulés *L'Animation par le chant* qui donne les paroles et les accords de guitare, mais non la mélodie, d'un très grand nombre de chansons traditionnelles (vol. 1) ou contemporaines (vol. 2-6). Pour s'en servir, il faut avoir au moins entendu les chansons auparavant, mais les accords de guitare sont bien utiles pour tous ceux, étudiants ou professeurs, qui voudraient pouvoir chanter eux-mêmes ces belles chansons. L'Association LA SPONTE, distribution: FIU, 16 rue du Général Lasalle, 75019 PARIS.

E. Jean-Edel Berthier a publié trois petits livres précieux contenant chacun plusieurs centaines[!] de chansons, non seulement de France mais de plusieurs autres pays (texte original et version française chantable), y compris la mélodie et les accords de guitare. La plupart des chansons sont traditionnelles, mais il y a également des auteurs contemporains comme Guy Béart, Georges Brassens, Serge Gainsbourg, Jean Ferrat, Francis Lemarque and Gilles Vigneault. De plus, les chansons sont classifiées par thèmes, comme le sont plusieurs centaines d'autres chansons, pour la plupart contemporaines, qui ne sont pas elles-mêmes dans les livres. *1000 chants*, vol. 1,2,3 (Les Presses d'Île de France, 12 rue de la Chaise, 75007 PARIS).

Le même éditeur publie également *50 Chansons de Prévert et Kosma* et, pour ce que ça vaut, *Chansons pour et par des personnages célèbres*, 88 chansons accompagnées de courtes introductions historiques de France Vernillat.

F. Il y a d'autres livres réunissant des textes et chansons choisies selon des critères divers.

Jean Allix, *Chansons de France*, L'École des loisirs, 1976 [ce recueil est arrangé par thèmes et enrichi d'éclaircissements linguistiques utiles aux étrangers]

Chansons de France, Haut Comité de la langue française, 1981 [textes et musiques de chansons contemporaines]

Chansons politiques d'aujourd'hui [paroles de Béranger, Brua, Vigneault, Bühler, Servat, Imago, Mouloudji], Éd. Syros, 1976

Jacques Charpentreau, *Nouvelles veillées en chansons, des disques et des thèmes*, Éd. Ouvrières, 1970 [chansons contemporaines regroupées par thèmes]

Simonne Charpentreau, *Le Livre d'or de la chanson enfantine*, "Enfance heureuse", Éd. Ouvrières, 1981

Simonne Charpentreau, *Le Livre d'or de la chanson française de Ronsard à Brassens*, tome 1, Éd. Ouvrières, 1971

Simonne Charpentreau, *Le Livre d'or de la chanson française de Marot à Brassens*, tome 2, Éd. Ouvrières, 1972

Luc Decaunes, *Les Riches Heures de la chanson française*, Seghers, 1980 [anthologie de chansons populaires, classées par thèmes]

Das französische chanson: Ein Spiegelbild unserer Zeit, zusammengestellt und bearbeitet von Karl Hölz, Verlag Moritz Diesterweg, collection "Modelle für den Neusprachlichen Unterricht Französisch", Frankfurt am Main, 1975

Les Grands Poètes-compositeurs-interprètes de la chanson française contemporaine. Choix de poèmes, présenté par Hans Puls et Edmond Jung, Verlag Moritz Diesterweg, collection "Modelle für den Neusprachlichen Unterricht Französisch", Frankfurt am Main, 1979 [les chansons sont accompagnées de quelques questions et d'explications de vocabulaire]

William Lemit, *Au P'tit Bois charmant: 40 jeux chantés pour petits et grands*, Éd. du Scarabée, 1973

Alan Mills, *Favorite French Folk Songs*, Oak Publications, New York, 1963

Pierre Saka, *Poèmes et chansons*, Fernand Nathen, 1982 [destiné aux classes de 6e et de 5e en France, ce recueil rassemble des poèmes et chansons par thèmes. Chaque texte est accompagné d'une introduction et de quelques questions]

G. On peut se procurer le texte et la musique de chansons spécifiques à Service Distribution Musicale, 20 rue du Croissant, 75002 PARIS

V. DISCOGRAPHIES

1. Sélective

Les auteurs-compositeurs-interprètes suivants valent la peine d'être connus. La liste se veut suggestive, elle est loin d'être exhaustive. Les astérisques indiquent ceux que j'ai utilisés le plus, avec les meilleurs résultats.

* Pierre AKENDENGUÉ [Gabon], *Nandipo*; *Afrika Obota* (Saravah/RCA)

  Dick ANNEGARN, plusieurs albums (Polydor)

  Charles AZNAVOUR, *Autobiographie*, beaucoup d'autres (Barclay)

* BARBARA, *Barbara chante Barbara*; *Le mal de vivre*, etc. (Phonogram)

* Pierre BAROUH, *Pierre Barouh; Pollen*, trois autres albums (Saravah/RCA)

  Mama BÉA, *Où vont les stars?*, etc. (RCA)

* Guy BÉART, *Vive la rose*; *La Vérité*, beaucoup d'autres (Temporel)

  Lucid BEAUSONGE, *Lucid Beausonge* (RCA)

  Julos BEAUCARNE, *L'Avenir a changé de berceau*, beaucoup d'autres (RCA)

  Marie-Paule BELLE, *Marie-Paule Belle* (Polydor)

  Jacques BERTIN, *Ma Vie, mon œuvre*, etc. (Chant du monde)

François BÉRANGER, *Ne joue pas avec mes nerfs*, etc. (Escargot/CBS)

* Georges BRASSENS, 12 albums séparés; *Vingt ans de Brassens* [coffret de 11 disques avec partitions]; *L'intégrale* [4 coffrets + livrets avec textes] (Phonogram)

* Jacques BREL, beaucoup d'albums séparément ou en coffret (Barclay)

Francis CABREL, *Carte postale* ; *Cabrel public* (CBS)

Jean-Roger CAUSSIMON, coffret 3 disques (Saravah)

Julien CLERC, 2 albums (Pathé); *Femmes, indiscrétions, blasphèmes* (Virgin)

* Yves DUTEIL, *La Statue d'ivoire*, beaucoup d'autres (Pathé)

Leny ESCUDERO, *Je veux toujours rester petite* (A Malypense)

Léo FERRÉ, 7 or 8 albums (Barclay), 7 albums (RCA), Ferré 84), *triple album live* (RCA)

* Jean FERRAT, 10 albums (Barclay); *Ferrat 80* ; 15 albums en 5 coffrets (Temey)

Serge GAINSBOURG, albums et coffret (Phonogram)

Bernard HAILLANT, *Du Vent, des larmes et autres berceuses*; *Des Mots chair, des mots sang* (Arc-en-Ciel/ SM)

Jacques HIGELIN, *Casino de Paris* ; *triple album live*; beaucoup d'autres (Pathé)

Jean HUMENRY, *Premières chansons 1965-1975*, etc. (SM), *La Chaleur qu'on peut* (Audivis)

JOFROI, *J'ai le moral* (Cormoran); d'autres (Péridès)

Michel JONASZ, *Tristesse*; *En Concert*, etc. (Atlantic/WEA)

Karim KACEL, *Gens qui rient, gens qui pleurent*; *P'tite Sœur* (Pathé)

Catherine LARA, *Nil*; *Géronimo*, etc. (CBS)

Francis LALANNE, *Coup de foudre*; *Rentre chez toi*, etc. (Les 3 oranges bleues/Phonogram)

Bernard LAVILLIERS, *État d'urgence*, etc. (Barclay)

* Maxime LE FORESTIER, *Maxime Le Forestier; Enregistrement public*; *Les Jours meilleurs*, etc. (Polydor)

Colette MAGNY, plusieurs albums (Chant du Monde)

MANNICK, *Les Mots difficiles à dire* (RCA)

Hélène MARTIN, *Liberté Femmes*; *HM chante HM* (Cavalier)

* David MacNEIL, *Hollywood*; *L'Assassinat* (Saravah); *J'ai déjà fait mon arche*, etc. (RCA)

Frédérick MEY, plusieurs albums (Péridès)

* Georges MOUSTAKI, *Espace et temps*, etc. (Polydor)

Claude NOUGARO, 3 double albums, 1 coffret (Phonogram), 12 albums: *Plumes d'ange*; *Tu verras*; *Bleu, blanc, blues*, etc. (Barclay)

Pierre PERRET, *Bobino 84*, etc. (Adèle/Phonogram)

Nicolas PEYRAC, *Neuvième*, 8 autres (CBS)

RENAUD, *Morgane de toi; Renaud à Bobino*, beaucoup d'autres (Polydor)

Gilles SERVAT, *Le Pouvoir des mots*

Yves SIMON, 12 albums: *Au pays des merveilles de Juliette*; *Macadam*; *Raconte-toi*; *Une Vie comme ça*, etc. (RCA)

Alain SOUCHON, *On avance*, etc. (RCA)

* Anne SYLVESTRE, beaucoup d'albums (Phonogram) (Meys) (Sylvestre)

Henri TACHAN, plusieurs albums (Barclay)

Jacques YVART, *À la source*; *Citoyen du monde* (Citadelle), d'autres

2. Chansons du Québec

Angèle Arsenault, *Libre; Première; Ses Plus Grands Succès*

Manuel Brault, *Manuel Brault; 10070 Romantique*

Édith Butler, *Je m'appelle Édith; L'Espoir; Astheure qu'on est*

Robert Charlebois, *Disque d'or; Lindbergh; Ordinaire; Succès* (album double)

Clémence Desrochers, *Comme un miroir; Je l'écris*

Marie-Michelle Desrosiers, *Plus fort; Marie-Michelle Desrosiers*

Georges Dor, *Succès*

Claude Dubois, *Le Monde de...* (album double)

Diane Dufresne, *Mon Premier Show* (album double); *Succès* (album double)

Jean-Pierre Ferland, *Jean-Pierre Ferland; La Pleine Lune; Succès*

Louise Forestier, *Grands succès* (album double); *À l'Acroche-cœur*

Lucien Francœur, *Jour et nuit*

Claude Gauthier, *Le Plus Beau Voyage; Grands succès* (album double)

Jim et Bertrand, *Gosselin/Corcoran; Île d'entrée*

Pauline Julien, *Plus Grands Succès; Le Meilleur de...; Grands Succès de...* (album double); *Album souvenir*

Diane Juster, *M'aimeras-tu demain; Les Plus Belles Chansons*

Jean Lapointe, *C'est beau le monde; Jongleur*

Daniel Lavoie, *Tension attention; Compilation*

Félix Leclerc, *Moi mes souliers; Mouillure; Le Tour de l'île; Mon Fils*

Sylvain Lelièvre, *À Frais virés; Petit Matin*

Claude Leveillée, *Escale 84*

Jacques Michel, *Migration; S.O.S.; 18 Grands Succès*

Robert Paquette, *Au Pied du courant; Gare à vous; Paquette*

Paul Piché, *L'Escalier; Nouvelles d'Europe; Paul Piché vol. 3*

Louise Portal, *Portal; Portal évadée*

Richard Séguin, *Trace et contraste*

Diane Tell, *Entre nous; En flèche; On a besoin d'amour*

Fabienne Thibeault, *Fabienne Thibeault; La Vie d'astheure; Conversations*

Sylvie Tremblay, *Ni bleu ni vert*

Gilles Vigneault, *Mon Pays; J'ai planté un chêne; À Bobino* (album double); *Pays du fond de moi; Grands Succès* (album double); *Avec les mots du dimanche* (album double)

3. La Poésie en chanson

La chanson a permis à la poésie de franchir beaucoup de seuils, de pénétrer dans beaucoup d'oreilles et de cœurs où elle n'aurait jamais été invitée autrement. La poésie mise en musique et chantée peut également servir en classe de langue ou même en classe avancée de littérature car, comme l'a dit Aragon, la mise en chanson d'un poème est une forme supérieure de critique poétique. Beaucoup d'auteurs-compositeurs-interprètes modernes ont également essayé leur main à la mise en chanson de poèmes écrits par d'autres "vrais" poètes. Un Brassens, un Ferré, un Ferrat glissait volontiers une chanson basée sur un poème parmi celles de leur propre cru. À part ces chansons isolées, il existe un assez grand nombre de disques consacrés entièrement à de telles chansons. Ils pourront peut-être amener certains à la chanson, comme la chanson amène d'autres à la poésie.

Jean Anouilh chanté par Simone Bartel (Auvidis AR 33635)

Georges Brassens chante Bruant, Colpi, Musset, Nadaud, Norge (Philips 822 257)

Bruant: 60 Chansons et monologues, coffret 4 disques (Vogue 000.401)

Jean-Louis Caillat chante Victor Hugo (Unidisc UD 30.1544/ Auvidis)

Les chansons d'Aragon (Barclay 90 066)

Chansons de Jacques Prévert, chantées par E. Amado, M. Arnaud, G. Montero, C. Vaucaire, (Harmonia Mundi LDX 74348)

La Chanson du mal-aimé (Guillaume Appolinaire), chantée et dirigée par Léo Ferré (Barclay 80463)

Chansons de poètes, coffret 4 disques, livret de Pierre Seghers (Philips P 70 355 L /358L)

Chansons et poésies: Brassens, Gréco, Montand, Mouloudji chantent les poètes, coffret 4 cassettes (Productions Sonores Hachette et Ministère des Relations Extérieures)

Claude Feron chante Gaston Couté (Autoproduit-CF001-- "Les Grands Boulets", Diges, 89240 POURRAIN)

Léo Ferré chante Baudelaire (Barclay 80 357/58)

Léo Ferré chante Jean-Roger Caussimon: Les Loubards (RCA PL 70369)

Ferré chante Verlaine et Rimbaud (Barclay 80 236/37)

Ferré chante les poètes, coffret 6 disques (Barclay 92084/89): 1 Apollinaire (1972); 2 Aragon (1961); 3 & 4 Baudelaire; 5 & 6 Verlaine, Rimbaud (1964)

Les Frères Jacques chantent Jacques Prévert (Philips 9101 290)

Serge Gainsbourg, *La Chanson de Prévert* (1959-1962) (Philips 6332 230)

Les grands poètes et la chanson française, coffret 10 disques, Sélection du Reader's Digest (75907 Paris Brune)

Felicity Lott, *Chansons sur des poèmes de Victor Hugo* (Harmonia Mundi HM901138)

Pauline Julien, *Boris Vian* (Gamma/SFP 68 523)

Serge Kerval chante Seghers (Unidisc 301521/ distribution Auvidis)

Serge Kerval chante Bazin (Auvidis L30005)

Alain Laugenie, *Et si l'on chantait Victor Hugo?* (Disque Déva, STEFS 8290/ 38 rue des Cordeliers, 75013 PARIS)

Hélène Martin, *Le Chemin des oiseaux* (Elsa-Aragon) (Cavalier/Auvidis AV 4722)

Yves Montand chante Jacques Prévert (Philips 6332 226)

Monique Morelli, *Chansons d'Aragon* (Harmonia Mundi LDX 74377)

Marc Ogeret, *Ogeret chante Aragon*, 2 disques (Vogue 400.675)

Marc Ogeret, *Ogeret chante Bruant* (Vogue LDA 20322)

Boris Vian, *100 Chansons*, coffret 8 disques (Jacques Canetti B.V. 8)

4. Chansons par thème[20]

L'Alcool

Georges Brassens, *Le vin; Le Bistrot*
Jacques Brel, *La Bière*
Maxime LeForestier, *L'Irresponsable*

L'Amitié

Jacques Bertin, *Je ne vais pas à l'amitié comme à l'auberge*
Georges Brassens, *Les Copains d'abord; Chanson pour l'Auvergnat*
Jean-Roger Caussimon, *Mon Camarade*
Maxime LeForestier, *Amis; Mon Frère*

L'Amour

Barbara, *Je ne sais pas dire; J'entends sonner les clairons; Parce que je t'aime; Dis, quand reviendras-tu?*
Pierre Barouh, *De l'Amour à l'amour; Le Courage d'aimer*
Guy Béart, *Poste restante; Bal chez Temporel; Le Vénus mathématique; Qu'on est bien*
Georges Brassens, *La Marine* (texte: Paul Fort); *Bécassine; Il n'y a pas d'amour heureux* (texte: Aragon); *Les Amoureux des bancs publics; La Chasse aux papillons*
Jacques Brel, *La Tendresse; Marieke; Madeleine; Ne me quittez pas*
Yves Duteil, *Virages; L'Amour est une maison; Le Soleil sur l'agenda*
Jean Ferrat, *C'est toujours la première fois; L'Amour est cerise*
Francis Lalanne, *La Plus Belle Fois qu'on m'a dit je t'aime*
Maxime LeForestier, *Fontenay-aux-Roses; Éducation sentimentale; Là où; La Poupée*

Gilles Vigneault, *Le Doux Chagrin*

Les Animaux

Pierre Barouh, *Lorsque j'étais phoque*

Georges Brassens, *Le Petit Cheval* (texte: Paul Fort); *Le Gorille; La Cane de Jeanne*

Jean-Roger Caussimon, *Le Vieux Cheval*

Francis Lemarque, *La Grenouille; Le Mille-pattes*

Pierre Perret, *La Cage aux oiseaux*

Charles Trenet, *N'oubliez pas votre cheval*

Les Arbres

Georges Brassens, *Le grand chêne; Auprès de mon arbre*

Jean Ferrat, *Le Châtaignier; À l'Ombre bleu du figuier*

Maxime LeForestier, *Comme un arbre*

Francis Lemarque, *À l'Ombre de notre arbre*

L'Art et les artistes

Georges Brassens, *Pauvre Léon*

Jacques Brel, *Sur la place*

Jean-Roger Caussimon, *Chanson des comédiens; Le Funambule*

Yves Duteil, *La Puce et le pianiste*

Jean Ferrat, *À Brassens*

Léo Ferré, *La Poésie fout l'camp Villon; Les Poètes*

Maxime LeForestier, *Saltimbanque; Petit robot; Blues blanc pour un crayon noir*

Yves Simon, *Le Joueur d'accordéon*

L'Avortement

Anne Sylvestre, *Non, tu n'as pas de nom*

La Chanson

François Béranger, *Nous sommes un cas*

Jacques Bertin, *Indien*

Georges Brassens, *Le Pornographe; Les Trompettes de la renommée*

Jean-Max Brua, *Plus tard la rose*

Yves Duteil, *Les P'tites Casquettes*

Jean Ferrat, *Pour être encore en haut d'l'affiche; Pauvre Boris; Quand on n'interdira plus mes chansons; Je ne chante pas pour passer le temps*

Léo Ferré, *Je chante pour passer le temps* (text: Aragon)

Maxime LeForestier, *Saltimbanque; Le Steak; Sage*

Francis Lemarque, *Les Chansons et les hommes*

Georges Moustaki, *Pourquoi je chante; On est tous des pédés*

Yves Simon, *Respirer chanter*

Jean Sommer, *Je chante*

Anne Sylvestre, *Si je ne parle pas; Écrire pour ne pas mourir; Vous m'avez tant aimée*

Le Conformisme/non-conformisme

Georges Brassens, *La Mauvaise Réputation; La Mauvaise Herbe*

Jacques Brel, *Les Bourgeois*

Maxime LeForestier, *La Vie d'un homme; Caricature*

La Drogue

Maxime LeForestier, *L'Irresponsable*
Renaud, *La Blanche*

L'Écart des générations

Jacques Brel, *Les Bourgeois*
Jean-Roger Caussimon, *Les Cœurs purs*
Jean-Ferrat, *La Montagne*
Maxime LeForestier, *Dialogue; Autre Dialogue; Entre quatorze et quarante ans*

L'École

Jacques Brel, *Rosa*
Jean Humenry, *L'instit'*
Gilbert Laffaille, *Les Interrogations écrites*
Maxime LeForestier, *Marie, Pierre et Charlemagne; Fontenay-aux-Roses*
Francis Lemarque, *À côté du canal*

L'Enfance, les Enfants

Barbara, *Mon Enfance*
Julos Beaucarne, *En voyant naître cet enfant*
Guy Béart, *Les Enfants sur la lune; L'Eau vive*
Yves Duteil, *Prendre un enfant; Petite Fille*
Maxime Leforestier, *Comme un arbre; La Poupée; Sage; Saltimbanque*
Renaud, *Morts les enfants*

L'enterrement

Barbara, *Y'aura du monde*

Georges Brassens, *Les Funérailles d'antan; Le Fossoyeur; La Ballade des cimetières; Supplique pour être enterré à la plage de Sète; Le Testament*

Jacques Brel, *Mon Dernier Repas*

Jean-Pierre Huser, *L'Enterrement de ton père*

L'Espace

Guy Béart, *Étoiles garde à vous; Le Grand Chambardement; Voyageur de rayons; Les Enfants sur la lune*

Jacques Yvart, *Les Oiseaux migrateurs*

La Famille, la vie sociale

Georges Brassens, *La Mauvaise Herbe; L'Auvergnat; La Mauvaise Réputation; Les Quatre Bacheliers*

Yves Duteil, *La Maman d'Amandine*

Maxime LeForestier, *Comme un arbre ; Mon Frère; Février de cette année-là; Le Dialogue*

Renaud, *HLM; Mon Beauf ; Je suis une bande de jeunes*

Yves Simon, *Lettre à mon père; Père mon père*

Anne Sylvestre, *La Vaisselle*

Boris Vian, *J'suis snob*

Les Femmes

Barbara, *Ni belle ni bonne; Madame*

Guy Béart, *Douce; Fille d'aujourd'hui*

Georges Brassens, *Brave Margot; Le Bistrot*

Jacques Brel, *Madeleine; Marieke; La Petite Fanette; Les Flamandes; Les Filles et les chiens*

Claude Gauthier, *Femmes*

Gilbert Laffaille, *La Femme-Image*

Hélène Martin, *Liberté Femmes*

Anne Sylvestre, *Les Blondes*

La Fuite du temps

Barbara, *Mon Enfance; Le Temps du lilas*

Guy Béart, *Il n'y a plus d'après; Il y a plus d'un an*

Georges Brassens, *Le Temps passé*

Jacques Brel, *Les Vieux ; Les Bourgeois*

Yves Duteil, *Tisserand*

Jean Ferrat, *J'en ai connu qui s'en allaient* (texte: Aragon); *Pauvre Boris; On ne voit pas le temps passer; Au bout de mon âge; Le Temps des cerisiers*

Léo Ferré, *Avec le temps, va, tout s'en va; Pauvre Rutebœuf*

Maxime LeForestier, *Ca sert à quoi; La Rouille; La Ballade des marguerites*

Francis Lemarque, *À côté du canal*

Georges Moustaki, *Rien n'a changé; Il est trop tard*

Anne Sylvestre, *Vous m'avez tant aimée*

Jacques Yvart, *Les Hirondelles; Dans la vallée des roses*

La Guerre, les soldats

Dick Annegarn, *La Guerre à l'armée*

Georges Brassens, *La Guerre de 14-18; Les Deux Oncles*

Jean Ferrat, *Nuit et brouillard*

Maxime LeForestier, *Parachutiste; Notre Vie en rose; Les Lettres; Hymne à 7 temps*

Francis Lemarque, *Quand un soldat*
Renaud, *Miss Maggie*
Sapho, *Dormeur du val* (texte: Rimbaud)
Anne Sylvestre, *Mon Mari est parti*
Boris Vian, *Le Déserteur*

Histoires drôles

Pierre Barouh, *Le P'tit Ciné*
Guy Béart, *Le Chapeau*
Jacques Brel, *Les Bonbons; Les Bourgeois; Les Bonbons 67*
Yves Duteil, *La Maman d'Amandine; La Puce et le pianiste*
Maxime LeForestier, *L'Autostop*
Francis Lemarque, *Le Petit Cordonnier*
Renaud, *Buffalo Débile; Tu vas au bal; Babysitting Blues; Mélusine; Blues de la Porte d'Orléans; It is not because you are*

L'homosexualité

Guy Béart, *Qu'on est bien*
Francis Lalanne, *La Plus Belle Fois qu'on m'a dit je t'aime*
Georges Moustaki, *On est tous des pédés*

La Justice, l'injustice

Guy Béart, *Parodie*
Brassens, *Le Gorille*
Jean Ferrat, *J'ai froid*
Jacques Higelin, *Fiche anthropométrique*
Maxime LeForestier, *La Vie d'un homme; L'Irresponsable*

Mai 68

Georges Brassens, *Le Boulevard du temps qui passe*
Jean-Michel Caradec, *Mai 68* (chanté aussi par Maxime LeForestier)
Jean-Roger Caussimon, *Les Copains de mai*
Jean Ferrat, *Au Printemps de quoi rêvais-tu*
Léo Ferré, *Comme une fille*
Colette Magny, *Nous sommes le pouvoir*
Georges Moustaki, *Le Temps de vivre*
Claude Nougaro, *Paris-mai*
Hubert-Félix Thiéfaine, *22 mai*

Le Mariage

Georges Brassens, *La Non-demande en mariage; Bonhomme; La Marche nuptiale*
Yves Duteil, *La Maman d'Amandine*

Les Média

Graeme Allwright, *Mâche-média*
Guy Béart, *La Vérité; Rotatives; La Télé*
François Béranger, *Chansons marrantes*
Jean Ferrat, *Le Fantôme*
Léo Ferré, *La Complainte de la télé*
Jean Humenry, *Vieilles nouvelles*
Gilbert Laffaille, *Le Bonjour d'Alfred*
Renaud, *J'ai raté téléfoot*
Boris Santeff, *Infos reggaevisées*
Yves Simon, *Mass média song*

Mélancholie, tristesse

Charles Aznavour, *Que c'est triste Venise; Moi dans mon coin*
Barbara, *Le Mal de vivre; La Solitude*
Yves Duteil, *Mélancholie*
Georges Moustaki, *Ma Solitude*
Édith Piaf, *Milord* (texte, musique: Moustaki)
Anne Sylvestre, *Un Mur pour pleurer*

La Mort

Barbara, *À mourir pour mourir; Nantes*
Georges Brassens, *Le Vieux Léon; Bonhomme; Supplique pour être enterré à la plage de Sète*
Jacques Brel, *Le Dernier Repas*
Jacques Higelin, *Serre-moi; Je ne sais*
Maxime LeForestier, *Mourir d'enfance*
Boris Vian, *Le Crâne*

Paris

Barbara, *Paris 15 août; Gare de Lyon*
Jean-Roger Caussimon, *Sébastopol*
Joe Dassin, *Aux Champs-Élysées*
Jacques Dutronc, *Il est cinq heures, Paris s'éveille*
Léo Ferré, *Les Cloches de Notre-Dame; Flamenco de Paris; Saint-Germain-des-Prés; Paris-Canaille; Titi de Paris*
Francis Lemarque, *Rue de Lappe; L'Air de Paris; À Paris; La Ballade de Paris; Paris se regarde; Écoutez la ballade; Vacances à Paris*
David MacNeil, *Le Bateau-Mouche*

Renaud, *Amoureux de Paname*

Yves Simon, *Rue de la Huchette; Les Bateaux du métro; Les Brumes de la Seine; Quelque part à Paris demain; Paris 75; J'ai tout mon temps*

Les Pays, les villes

Barbara, *Gœttingen*

Guy Béart, *À Amsterdam*

Jacques Brel, *Amsterdam; Le Plat Pays*

Jean-Roger Caussimon, *Comme à Ostende*

Jean Ferrat, *Cuba si; À Santiago de Cuba; Mon pays était beau*

Claude Gauthier, *Le Plus Beau Voyage*

Maxime LeForestier, *San Francisco*

Paul Piché, *Chu pas mal mal parti*

Yves Simon, *Manhattan; J'ai rêvé New York*

Gilles Vigneault, *Mon Pays; Les Gens de mon pays*

La Politique, la contestation

Jean Ferrat, *Le Bilan; La Porte à droite*

Maxime LeForestier, *Je m'en fous de la France* (texte: Marianne Sergeant)

Gérard Lenorman, *Si j'étais président*

Renaud, *Hexagone; Banlieu rouge; Étudiant poil aux dents; Miss Maggie*

Portraits

Guy Béart, *Le Quidam*

Georges Brassens, *Le Fossoyeur; Pauvre Martin; Brave Margot; Le Bistrot*

Jacques Brel, *Les Timides; Marieke; Madeleine; Jef; Les Flamandes; Dame Betise; Zangra*

Gilles Vigneault, *Bébé la guitare; Jos Monferrant; Zidor le prospecteur*

Le Racisme, l'intolérance

Guy Béart, *Couleurs vous êtes des larmes*

François Béranger, *Mamadou m'a dit*

Georges Brassens, *Chanson pour l'Auvergnat*

Louis Chedid, *Anne, ma sœur Anne*

Gilbert Laffaille, *Le Gros Chat du marché*

Maxime LeForestier, *La Vie d'un homme*

Pierre Perret, *Lily*

Alain Souchon, *Poulailler's Song*

Le Showbiz

Georges Brassens, *Les Trompettes de la renommée*

Robert Charlebois, *Ordinaire*

Georges Chelon, *Soliloque*

Maurice Fanon, *Avec Fanon*

Jean Ferrat, *La voix lactée--S.G.D.G.; Pour rester en haut d'l'affiche*

Léo Ferré, *L'Idole*

David MacNeil, *Showbiz blues*

Herbert Pagani, *Le Show-bizness*

Anne Sylvestre, *Me v'là; Trop tard pour être une star*

Le Testament

Jacques Bertin, *La Non-supplique*

Georges Brassens, *Le Testament; Supplique pour être enterré à la plage de Sète*

Jacques Brel, *Le Moribond*

Maurice Fanon, *Le Testament*

Léo Ferré, *Le Testament; Quand je fumerai autre chose que des celtiques; L'Affiche rouge* (texte: Aragon)

Henri Gougaud, *Les Roses de mai* (mus.: José Cana)

Jacques Higelin, *Je suis mort qui, qui dit mieux*

Frédérick Mey, *Le Testament*

Claude Nougaro, *Dansez sur moi*

Le Travail

Georges Brassens, *Le Fossoyeur; Pauvre Martin*

Jean Ferrat, *La Montagne*

Serge Gainsbourg, *Le Poinçonneur des Lilas*

Jean-Pierre Huser, *Les Ouvriers de la montagne*

Francis Lemarque, *Les Routiers*

L'Urbanisation

Pierre Barouh, *La Forêt*

Guy Béart, *Les Collines d'acier*

Jean Ferrat, *La Montagne*

Renaud, *Amoureux de Paname*

Les Vieux

François Béranger, *Le Vieux*

Jacques Brel, *Les Vieux*

Jean Ferrat, *Tu verras, tu seras bien*

Maxime LeForestier, *Nous serons vieux; La Petite Vieille de Saint-Petersbourg*

Mannick, *Grand-père*

La Voiture

Guy Béart, *Cercueil à roulettes*

Francis Cabrel, *Chauffard*

Jean-Pierre Huser, *L'Accident*

Le Voyage

Félix Leclerc, *Moi, mes souliers*

Yves Simon, *Nous partirons tous deux; Un jour tu iras; Chaque nuit tu t'enfuis; Je t'emmène*

Jacques Yvart, *Les Oiseaux migrateurs; À la Source*

5. Chansons par utilité grammaticale

Le futur

Barbara, *Madame; Dis, quand reviendras-tu?*

Guy Béart, *Les Couleurs du temps; Cercueil à roulettes; Les grands principes*

Georges Brassens, *Les Bancs publics*

Jacques Brel, *Les Bonbons; Le Dernier Repas; Ne me quitte pas*

Jean Ferrat, *Tu verras, tu seras bien*

Bernard Haillant, *Quand je serai heureux; Je vis en négritude*

Maxime LeForestier, *Éducation sentimentale; Nous serons vieux*

Yves Simon, *Dans 20 ans tout à l'heure; Quelque part à Paris demain*

Conditionnel

Charles Aznavour, *Si j'avais un piano*
Guy Béart, *Suez*
Jean-Roger Caussimon, *Les Camions*
Bernard Haillant, *Quand je serai vieux*

Passé du conditionnel

Jean Ferrat, *J'aurais simplement voulu*
Maxime LeForestier, *Mon Frère*
Anne Sylvestre, *Frangines*

Imparfait

Pierre Barouh, *Lorsque j'étais phoque; Le P'tit Ciné*
Guy Béart, *Chandernagor; Les Grands Principes; Hôtel-Dieu; Poste restante; La Vénus mathématique*
Georges Brassens, *Auprès de mon arbre; Chanson pour l'Auvergnat; La Chasse aux papillons; Funérailles d'antan*
Yves Duteil, *Un Vrai Paradis*
Francis Lemarque, *La Faim de vivre*
Nicolas Peyrac, *J't'attendais plus*
Yves Simon, *Petite Mauve; Sur une autre route; Nous nous sommes tant aimés; Les Fontaines du casino*
Anne Sylvestre, *Flou*

Passé composé

Barbara, *Mon enfance; Le Soleil noir*
Pierre Barouh, *La Forêt; Le P'tit Ciné*
Guy Béart, *Les Collines d'acier; Alphabet; Laura; Les Temps sont doux; Couleurs vous êtes des larmes*

Georges Brassens, *Auprès de mon arbre; Chanson pour l'Auvergnat*

Maxime LeForestier, *L'Autostop*

Passé simple

Pierre Akendengué, *Sur le trottoir d'en face*

Barbara, *Nantes*

Guy Béart, *L'Alphabet; L'Autoroute en bois; Chahut-bahut; Le Quidam; Les grands principes*

Subjonctif

Barbara, *Attendez que ma joie revienne; Au Cœur de la nuit*

Jacques Brel, *Le Dernier Repas*

Bernard Haillant, *Quand je serai heureux*

Impératif

Jacques Brel, *Ne me quitte pas*

Claude Gauthier, *40 Chandelles*

Bernard Haillant, *La Vie, l'amour, la mort*

Francis Lemarque, *Notre Dame de la guimauve*

Maxime LeForestier, *La Vie d'un homme; Mourir d'enfance*

Participe présent

Charles Aznavour, *Je ne peux pas rentrer chez moi; Je veux te dire adieu*

Pierre Barouh, *De l'Amour à l'amour*

Guy Béart, *En marchant*

Georges Brassens, *Les Bancs publics*

Jacques Brel, *Le Dernier Repas*

Verbes pronominaux

Charles Aznavour, *Après l'amour*
Guy Béart, *Les Pas réunis; Poste restante*
Yves Duteil, *La Maman d'Amandine*
Yves Simon, *Nous nous sommes tant aimés*

Négatifs

Charles Aznavour, *La Fortune; Java partout; Au Clair de mon âme*
Barbara, *Le Soleil noir ; Dis, quand reviendras-tu?*
Pierre Barouh, *Le Courage d'aimer*
Guy Béart, *Entre chien et loup; Hôtel-Dieu; Le Quidam; On ne manque de rien*
Francis Cabral, *Plus personne*
Jean-Roger Caussimon, *Les Cœurs purs*
Maxime LeForestier, *Notre Vie en rose*

Notes

1. Jacques Bertin, *Chante toujours, tu m'intéresses ou les combines du show-biz,* Éd. du Seuil, collection "Interventions", 1981, p. 135.

2. François Béranger, interviewé dans *Paroles & Musique* 4 (novembre 1980), p. 23.

3. Sur les rapports, bien problématiques, de la chanson et de l'industrie du disque, voir le livre de Bertin déjà cité, ainsi que Georges Moustaki, *Question à la chanson,* Stock, et le classique de Boris Vian, *En avant la zizique,* 10/18. Les articles de *Paroles & Musique* sont aussi à conseiller.

4. Il existe, dans certaines universités aux États-Unis, des départements de "culture populaire" qui se penchent sur la culture ambiante avec le même sérieux que les anthropologues ou ethnologues qui étudient des sociétés anciennes, "primitives", ou simplement exotiques. Pour une ébauche de certains aspects sociologiques de la chanson, voir Louis-Jean Calvet, *Chanson et société,* Payot, 1981.

5. Jacques Bertin, «Aragon: un chanteur», *Paroles & Musique* 27 (février 1983), p. 39.

6. Entretien avec l'auteur, mai 1984

7. *Paroles & Musique* 4 (novembre 1980), p. 8

8. Entretien avec l'auteur, mars 1983.

9. *Mon Terroir, c'est les galaxies,* Tourinnes-la-Grosse, Éd. Louise Hélène France, 1980, p. 36.

10. Sur la chanson au Québec, voir Guy Millière, *Québec, chants des possibles,* Albin Michel, coll. "Rock & Folk", 1978; et Bruno Roy, *Panorama de la chanson au Québec,* Montréal, Leméac, 1977.

11. Voir entr'autres Jacques Vassal, *La Nouvelle Chanson bretonne,* Albin Michel, coll. "Rock & Folk", 1976, réédité et mise à jour en 1980 sous le titre *La Chanson bretonne;* Yves Rouquette, *La Nouvelle Chanson occitane,* Privat, Toulouse,

1972; et Michel Le Bris, *Occitanie: Volem viure!*, Gallimard, coll. "La France sauvage", 1974.

12. Entretien avec l'auteur, août 1981.

13. Entretien avec l'auteur, juin 1981.

14. *Paroles & Musique* 4 (novembre 1980), p. 27.

15. Une première version de ce texte, «...Chansons que cela...» a paru dans le numéro de juillet-août 1983 de la revue *Études* (14 rue d'Assas, 75006 Paris), qui nous a gracieusement autorisé la présente adaptation.

16. Alain Chamberlain, «Stratégie pour une étude de la chanson française», *Le Français dans le monde* 131 (août-septembre 1977), p. 29.

17. Texte cité dans «Quand Berlin chante en français: Une expérience de promotion linguistique», *Le Français dans le monde* 184 (avril 1984), p. 66.

18. "Quand Berlin chante en français...", p. 65.

19. Un grand merci à Denis Mouton à qui je dois une bonne partie de cette collection de citations sur la chanson, et bien d'autres choses.

20. Donald Houghton m'a donné de bonnes suggestions de chansons pour ce repertoire thématique, et je l'en remercie. La rubrique "Chansons autour d'un thème" de *Paroles & Musique* m'a également suggéré beaucoup de titres.